新时代

XIN SHIDAI
BAIXING GUSHI

百姓故事

中共聊城市委宣传部
中共聊城市委讲师团

 编

山东友谊出版社·济南

图书在版编目（CIP）数据

新时代百姓故事 / 中共聊城市委宣传部，中共聊城市委讲师团编. -- 济南 ：山东友谊出版社，2025.4. -- ISBN 978-7-5516-3486-1

Ⅰ. D64

中国国家版本馆 CIP 数据核字第2025WY6748号

新时代百姓故事

XIN SHIDAI BAIXING GUSHI

责任编辑：孙　锋
装帧设计：刘一凡

主管单位：山东出版传媒股份有限公司
出版发行：山东友谊出版社
　　　　　地址：济南市英雄山路 189 号　邮政编码：250002
　　　　　电话：出版管理部（0531）82098756
　　　　　　　　发行综合部（0531）82705187
　　　　　网址：www.sdyouyi.com.cn
印　　　刷：济南乾丰云印刷科技有限公司
开本：170mm×240 mm　1/16
印张：17.75　　　　　　字数：230 千字
版次：2025 年 4 月第 1 版　印次：2025 年 4 月第 1 次印刷
定价：89.00 元

前　言

　　理论上清醒，政治上才能坚定。理论宣讲是党的理论武装工作的重要组成部分，是传播党的创新理论成果的有力举措，也是推进马克思主义理论大众化的重要手段。百姓宣讲是推动党的创新理论深入一线、深入群众、深入人心的重要途径，是打通理论宣讲和理论武装"最后一公里"的有效途径。山东省多年来的"中国梦"系列百姓宣讲在基层广大干部群众中树立了良好口碑，深受欢迎。聊城市大力实施"习语'聊'亮"凝心铸魂工程，持续擦亮"红色挎包"百姓宣讲品牌，在推动科学理论大众化、打通理论宣讲"最后一公里"上发挥了积极作用。

　　为全面深入学习宣传贯彻习近平新时代中国特色社会主义思想，推动党的二十大和党的二十届三中全会精神在聊城落地生根，激发全市广大党员积极投身新时代社会主义现代化强市建设，全面展现广大干部群众在新时代新征程上的新气象新作为，按照中共山东省委宣传部等部门的通知要求，中共聊城市委宣传部、中共聊城市委网信办、中共聊城市委市直机关工委、聊城市总工会、共青团聊城市委、聊城市妇女联合会、中共聊城市委教育工委、聊城市文化和旅游局、聊城市国资委，于2023年4月和2024年4月在全市联合开展了"中国梦·新时代·新使命"百姓宣讲大赛和"中国梦·新气象·新作为"百姓宣讲暨微视频宣讲大赛。

　　最是平凡动人心。比赛中参赛选手们紧扣宣讲主题，通过真人真事、真情实感的"小切口""小故事"反映"大时代""大主题"。东阿县铜城街道办事处80多岁的老党员沈景敏幸福地讲述了自己当老年志愿者的充实生活，中共莘县县委党校孔令轩讲述了半臂表哥贾红光的奥运金牌梦，聊城市特战救援志愿者协会秦一杰讲述特战救援、蛟龙出海的亲身经历，临清市潘庄镇

中学闫玉波用"百姓话"讲述中华文明的突出特性，阳谷县第一初级中学颜春倩从基层视角讲述以钉钉子精神抓好改革落实……故事类宣讲积极向上、生动感人，理论类宣讲深入浅出、透彻易懂，曲艺类宣讲寓教于乐、通俗活泼，达到了把彻底的理论讲彻底、把鲜活的思想讲鲜活的良好效果。比赛结束后，中共聊城市委宣传部、中共聊城市委讲师团选拔优秀宣讲员组建了示范宣讲团，分赴各县（区、市）、市属开发区和有关部门单位进行巡回宣讲，并推荐优秀选手参加全省百姓宣讲大赛，均取得热烈反响。

"理论一经掌握群众，也会变为物质力量。"一场场宣讲、一次次报告，不仅是生动的理论讲述，更是初心和使命的召唤。为进一步推进"群众讲给群众听"宣讲活动广泛开展、打响"习语'聊'亮·响万家"宣讲品牌，激发全市上下团结奋进的蓬勃动力，现遴选2023年度、2024年度全市百姓宣讲活动中涌现出的优秀稿件汇编出版，供百姓宣讲员和热爱宣讲的朋友学习参考，让宣讲之花在鲁西大地盛开，推动党的创新理论"飞入寻常百姓家"。

因水平及时间所限，书中定有不足和疏漏之处，恳请读者批评指正。

编　者

2024年11月

目　录

● 故事类

● 理论类

● 曲艺类

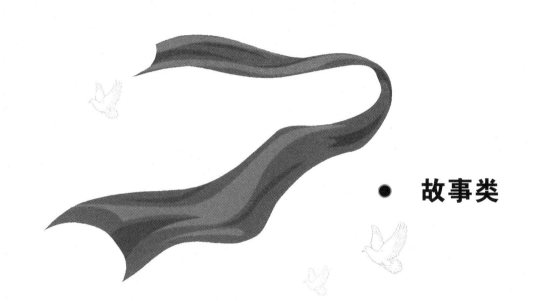

● 故事类

我当上了老年志愿者

东阿县铜城街道办事处　沈景敏

　　我叫沈景敏，年龄80多岁，入党50多年，来自铜城街道立信坛社区。在这里看到你们年轻人意气风发，我心里乐开了花。在开展主题教育，落实党的二十大精神的热潮中，我也说说心里话，题目是"我当上了老年志愿者"。

　　和大家分享三个问题。

　　分享的第一个问题是：我为什么要当老年志愿者呢？答案非常简单，是人生经历让我感恩党、热爱党，又入了党成为一名党员。党员就听党的话。毛主席说："共产党就是要奋斗，就是要全心全意为人民服务。"共产党员就是要活到老，奋斗到老、全心全意为人民服务到老。这就是我当老年志愿者的根基。

　　我还要感恩我的家庭，老伴对我说："你安心在外忙你的就行，家里有

我。"真的是这样。是老伴辞掉了工作，来我们家，精心伺候瘫痪在床的婆母娘34年。承担着全部家务，任劳任怨。是老伴带领全家20多口人，婆媳之间、妯娌之间、兄妹之间从没有红过脸。有难事都争着想办法。下力的活儿都抢着干。我上初中的孙孙说话也让人喜欢。孙孙说："爷爷当志愿者，做好事，我也很自豪。爷爷就是宝，也得会电脑。要学我来教。"还真的让我学会了操作电脑、融入了网络生活。这一切，都让我感到：家庭和睦，子孙孝顺，全家支持是我当老年志愿者的动力。

我更感恩我自己。年龄进入了老年，但我有体力、有精力、有时间。看到社区里许多事，我能干、愿干，再加上领导支持我干，我就高兴地干起来了，这就是我当老年志愿者的本钱。

有根基、有动力、有本钱，我就拿定了一个主意："党的话记心里，志愿服务做到底。"

和大家分享的第二个问题是：我当老年志愿者都干了些什么呢？

领导和同志们都说我是"七大员"。

第一员是共产党员。我天天"一戴三问。"一戴就是把党员徽章戴在胸前，让人一看就知道我是党员。每天三问："一问：我是谁？我是一名党员；二问：为了谁？为人民服务；三问：啥作为？一切言行对人民有利。"当我把迷路的老人、孩子送回家时，把犯病的人送医院抢救时，当把捡到的东西交给失主时，都会听到同一句话："还是共产党员好啊！"我也想告诉大家：党员志愿者是我最高的荣誉和名片。

第二员是老年大学学员。毛主席说："活到老、学到老。"习近平总书记也指示一定要办好老年教育。我上老年大学20多年没间断，是个永不毕业的老学员。

第三员是千年龙槐守护员。我家住在一棵高大粗壮，树身上长着龙形的古槐旁边。从树下挖掘出一件宋代石刻文物，根据文物年号计算，古槐距今1300多年，人称"千年龙槐"，是珍贵的自然历史遗产，列入了国家一级保护名单。为守护好这棵千年龙槐我到很多有古树的地方学习经验，终于找到了一种方法，让千年龙槐根部四周长出了七棵小槐树，形成了"七子抱母"的景观。前来观赏、拍照的游客不断，我一边宣讲，一边把编印的"龙槐故事"送给他们。宣传东阿，倡导尊重保护自然。

第四员是历史文明传承员。县党史研究中心，那时叫史志办，给我颁发了"史志顾问"和"特邀编辑"的聘书。我参与编写的文稿有300多篇。我也经受了考验和锻炼。为搜集资料，我骑着脚蹬三轮车，带上水和饭，走村、入户、进机关，早出晚归，抓紧时间。一次赶上刮风下雨，我连人带车滑进路旁的水沟里，幸亏水浅，我使劲爬了上来，修好车子，拧干衣服接着干。不到两年，一部《新城街道志》编完出版。聊城市史志办领导看了高兴地说："一个老同志，能独立完成十八万字的一部志书，真是太不容易了。这还是全聊城市第一部乡镇街道志书的样板！"领导的认可和鼓励，让我很有获得感。

五是社区义务调解员。我化解了一件件闹离婚的、争财产的、打群架的、酗酒闹事的、养狗扰民的民事小案，促进了家庭和社区的平安。

第六个员是基层党史宣讲员。我通过宣讲百年党史，让大家特别是让青少年知道：没有共产党就不会有中华民族的伟大复兴，要感恩党、热爱党、听党话、跟党走，立志成为强国建设和民族复兴的栋梁。

第七个员是小区义务环保员。我打扫3条大道、22个没有清洁工的单元，还自编了首顺口溜："快乐的环保员，使命记心间，抬腿快步走，睁眼仔细看，伸手抓得准，腰背灵活转，垃圾清干净，美丽好家园。"边唱边干。看到我扫地，有的居民也自觉地打扫起来，孩子们也一边喊"老爷爷好"一边捡拾垃圾、送垃圾。真是一个感人的场面。有人问我："图个啥？"我图的是能看到小区里整洁、干净的地面；我图的是能遇到小区人满意的笑脸，我图的是孩子们"老爷爷好"一声又一声的问候。我心里有说不出的幸福感！

我向大家汇报的第三个问题是：我当老年志愿者的收获是什么呢？

　　20多年的志愿服务，我最大的收获是：眼不花、耳不聋，头脑清、手脚灵，没啥病、身体行。晚年生活充实简单、快乐轻松。

　　在这里，我特别想告诉大家的是，我找到了老年人健康长寿的秘诀，就是：

　　好事天天干，人就老得慢。

　　精神不老，年轻永远！

　　新时代、新征程。党的二十大，习近平总书记一声令：

　　冲锋号，震撼天下！

　　红旗飘，万马奔腾！

　　古时候，佘太君百岁挂帅出征！

　　新时代，老年人跨马扬鞭！追梦！

守夜人

聊城江北水城旅游度假区消防救援大队　王文迁

　　我叫王文迁，来自度假区消防救援大队。很多人劝我，你可千万别去消防，太危险了，但我还是来了。踏入红门，穿上这身战斗服我才真正知道，它的身上有着怎样的热度。2018年11月9日，全国消防队伍迎来了华彩的新篇章，53年的消防现役成为历史，国家综合性消防救援队伍从"橄榄绿"到"火焰蓝"，颜色在变，不变的是对党忠诚、纪律严明的初心，一如既往做好党和人民的"守夜人"！

　　我相信大家看过这样的照片，消防员抱着燃烧的煤气罐冲出火场，我们看不清他们脸，也不知道他们是谁，但网友亲切地称他们为抱火哥，其实我们身边也有很多的抱火哥，视频中的我也算一个吧。那是2019年3月1日，我市某镇上一个杂货店着火，私拉乱接电线所致，火苗瞬间蔓延至二楼厨房，

火焰烘烤着一个正在喷火的煤气罐，烈焰包裹着瓶身，使其内部的温度越来越高，压力越来越大，随时可能发生爆炸。千钧一发，谁来上？作为一名班长，一名党员，我上！我和指导员毫不犹豫冲进火场，靠近煤气罐，用尽力气缓慢地抱起喷火的煤气罐，屏住呼吸，小心翼翼，一步一步生怕一丁点的撞击。烈火把我的手套和战斗服烧得滚滚发烫，但我绝不能松手，忍着疼咬着牙抬出、降温、关阀、熄灭。这时候才发现整个手臂全是水泡，于我而言，这就是一枚枚烙下的小勋章。其实每个消防员都有这样的勋章，不仅是烙在身上的、挂在胸前的，还有一颗深藏在家人心底。我加入消防救援队伍6年了，我多了"勋章"，妈妈多了白发，她看见这个问我怎么弄的，其实这两年我一直瞒着没告诉她，怕她担心。她看着我眼含热泪，紧紧抓住我的手说，妈不要你做英雄，就你一个儿子，只要你平平安安地回来。平安回家是每一名消防员家人日日夜夜的期盼，然而3年前27个平均年龄不到23岁的孩子，他们炙热的战斗服就永远地烙在了木里的深山里。一个与我同龄的党员干部叫张浩，刚结婚不久，父亲还得了癌症，战友劝他多回家陪陪家人。可是一个战斗接着一个战斗，一个任务接一个任务，他每次都说干完这场再回。可他再也回不去了，一套炙热的战斗服，一面鲜红的国旗，离家时还是个孩子，归来时是人民的英雄。惊心动魄的灭火救援现场，总能看到他们的身影，一次次挺身而出，与死神争分夺秒，用血肉之躯为人民群众筑起一道安全屏障。什么是对党忠诚？什么是竭诚为民？这就是无声的答案和铮铮的誓言。

忆往昔峥嵘岁月，展未来任重道远，作为新时代的消防人，我们不能忘记初心和使命，弘扬伟大的民族精神，朝着中华民族伟大复兴的目标，勇敢前行。此生无悔入消防，青春奋斗正当时，要把实现自身的人生追求同新时代党的事业、国家的富强紧密地联系在一起，我们将用鲜血和汗水肩负起崇高的使命，以高度的政治责任感和使命感当好人民的守夜人。

半臂表哥的奥运金牌梦

中共莘县县委党校　孔令轩

在正式讲故事之前，我想请大家先看一段视频，这是两年前从东京残奥会男子100米仰泳S6级决赛现场发回来的报道，在这场高手如云的较量中获得冠军的正是我的表哥贾红光。表哥是我大姨家的孩子，1988年出生在我们莘县魏庄镇井王庄村，他从小聪明活泼，是全家人的开心果。大姨和姨父在村里开了一家小卖部，日子虽过得不算富裕，但也是温馨和睦。

可是，天有不测风云，灾祸总是那样无情，1994年麦收时节，年仅6岁的表哥意外触摸到变压器，强高压电流使他瞬间陷入昏迷，等他醒来时，发现自己整个左臂已被截肢，右臂也只剩下三分之二。从那以后，阳光自信的小男孩儿变得敏感自卑，几乎失去了生活的所有勇气和希望。

但是，骨子里本就坚强的表哥越来越不服从命运的安排，他暗下决心，要像健全人一样自立、自强。他一次次艰难地自己穿衣、吃饭，一步步地实

现了生活完全自理。他还学会用脚夹住笔写字，硬是凭借顽强的毅力，以优异的成绩完成了学业。

2008年北京奥运会的成功举办点燃了所有中国人的运动热情，也成了表哥人生路上最重要的转折点。他在水立方亲眼见识到来自世界各国的残疾运动员在泳池中的拼搏景象，想到自己也有一定的游泳基础，于是他有了新的奋斗目标：练习游泳，参加奥运会！

在聊城市残联的全力支持下，表哥正式成为市游泳队的一员，开始了他异常艰辛的训练之路。每天他都要游1万多米，除了吃饭睡觉基本泡在水里。因为年龄偏大，高强度的训练后，他体力恢复要比年轻队员慢很多，经常累得晚上睡不着觉，好不容易睡着了还会因为腿抽筋疼醒。还要配合着进行跑步、举杠铃训练，胳膊、腿上磨得都是血，实在是太苦太累了，真想打退堂鼓，可他转念一想："贾红光，你不能这样半途而废！不能就此服输！"

努力不会被辜负，付出终将有回报，2011年10月，表哥一举拿下全国残运会100米仰泳冠军并打破全国纪录，一赛成名。一个月后，他就正式入选了国家队，在这之后他两次征战残奥会，取得了三银一铜的好成绩。2021年8月，表哥终于赢得了职业生涯中第一枚个人奥运金牌！当国歌奏响在东京残奥会上空的那一刻，他激动得热泪盈眶，从21岁正式接触游泳训练，他用了整整13年的时间，站上了世界最高领奖台，让五星红旗高高飘扬在奥运赛场。这一路走来，党和政府、教练、家人给予了他太多太多的支持，让他这个失去双臂的农家孩子没有后顾之忧地冲锋陷阵、为国争光！

一提到家人，表哥的嘴角就不自觉地扬起，他和表嫂相爱于微时，嫂子当年是个健康、漂亮的女孩。如今他们有了一儿一女，一家四口很是幸福。大家别看表哥表面上是个硬汉，其实内心也有柔软的一面，他曾经很在意自己身有残疾会给孩子带来不好的影响。记得有一年夏天，他穿着短袖去幼儿园接儿子放学，结果好多小朋友都在指指点点地说："快看，他爸爸没有胳膊。"当时表哥心里像刀割一样难受，结果小侄子辰辰却高声说道："我爸爸是世界冠军！"那眼神里满满的都是骄傲，表哥顿时就红了眼睛。

现在表哥回到家乡，成为我们聊城市残联的一名工作人员。除了日常训练和残联的工作，他还积极投身到公益事业中。如今他又有了新身份——全国人大代表，今年3月，他带着全市人民的无比期望和重托，去北京参加了十四届全国人大一次会议，完成了光荣义务和神圣职责。前几天我见到了表哥，他说他现在又有了新的使命，肩上的担子也更重了，他要倾尽全力去帮助更多的残疾儿童走出困境、点燃希望。他还想组建游泳队，为家乡培养更多泳池里的好苗子，带领那些与自己有着相同境遇的孩子们一起拼搏奋斗、勇敢追梦！

"大白哥哥"

临清市检察院　肖云光

最近，我国第一部以未成年人检察官为题材的电视剧《归来仍是少年》马上就要开拍了，其中男一号就是大白哥哥，原型就是我们全体未成年人检察官。

我们为什么被称为大白哥哥？那是2015年在一所中学讲完法治课后，有个学生对我说：我可以叫您大白哥哥吗？我觉得您和电影《超能陆战队》中大白的形象特别像，温暖亲和、正义善良、无所不能。受此启发，我们组建了"大白哥哥"团队，用爱心传递未检的温度。

2017年，小海还是个十六七岁的孩子，流浪街头，偷盗电瓶车。警察把他送来的时候，天正下着蒙蒙细雨。做笔录时，孩子的父母也在场。我问他："孩子，你为什么要偷东西？"小海看了旁边的父亲一眼，眼神有些躲闪。我鼓励他："没事，说吧。"孩子仿佛鼓起了巨大的勇气，他说："从我记事起，爸爸对我非打即骂，无休无止，所以我不想回家……"

话没说完，爸爸一下冲到孩子面前，咣一声手拍在桌子上："小兔崽子，皮又痒痒了，我打死你。"孩子又气又怕，躲在墙角，呼哧呼哧喘气，妈妈只在一旁流泪。

这是个脾气暴躁、容易动怒的父亲。多年的职业素养让我赶紧调整情绪，深呼一口气，走到这个爸爸身边，说："我知道你很爱孩子，可你永远不知道，你爱孩子远不如孩子更爱你。我猜想，你在成为打人的爸爸之前，肯定也是一个从小被打到大的孩子。"没想到，就是这样一句话，竟然让这个一米八的山东大汉号啕大哭。

后来，这位父亲终于敞开心扉，而他的童年更让人感叹：原来，当年，他的父亲曾经把他捆在树上，用腰带抽得浑身是血，还说什么棍棒底下出孝子。对他来说，教育孩子就是一个字：打。这成了一种潜移默化的影响。当父母用打骂的方式来教育孩子，孩子也很有可能将这种方式传递给下一代。

我对父子俩进行了长达三个小时的心理疏导和情感沟通，最后，我说："这样，你们爷儿俩拥抱一下好吗？"小海的爸爸愣了愣，极不自然地走上前去，笨拙地抱了抱孩子。小海犹豫了一下，用力地搂住爸爸，说："爸爸，你好多年没有抱过我了。"父子俩泪如雨下。

2022年暑假，我收到一条短信："大白哥哥，我从大学心理专业毕业了，再告诉你个好消息，我要结婚了，我希望，我们家'棍棒底下出孝子'的教育方式可以就此终结了。到时候，邀请您来给我当证婚人。"

如果说，小海眼里的大白哥哥是温暖体贴，善解人意的，那么，在7岁的女童小敏心里，大白哥哥则是无所不能的。

2018年冬天，我接到一个电话，电话里传来一个怯生生的声音："请问，你是大白哥哥吗？我的爸爸丢了，你能帮我把他找回来吗？"原来，小敏的父母靠着打零工勉强度日，可妈妈在46岁那年查出宫颈癌晚期，残酷的疾病

成为压塌这个家庭的最后一根稻草。妈妈确诊后的第二天，小敏发现，自己的爸爸不见了。起初，母女二人以为他外出筹钱去了，可三四个月过去了，爸爸再也没有出现，音讯全无。

本来，这并不属于我的工作范围，可事关未成年人，我责无旁贷！几经辗转，我们找到一条线索，孩子的爸爸有可能藏在东北。经过山东、辽宁两省三级检察机关协调，我们决定异地联动跨区域合作。数九寒天，从山东到东北，我们每次驱车上千公里，来回往返十余次，经常是开着开着，天就下起了暴雪，车子打滑，好几次差点溜下山崖。终于，我们在丹东一座偏远的矿区找到了孩子的爸爸，经过长达十几个小时的沟通解释，小敏的爸爸终于回心转意。2019年1月28日，那天正是小年夜，天空飘着雪花，当小敏颤抖着双手把饺子喂到又黑又瘦的爸爸嘴里时，爸爸再也控制不住，一把把小敏和妈妈抱在怀里，相拥而泣。

近年来，我先后荣获中国预防青少年犯罪研究会理事、中央电视台《守护明天》栏目主讲人、山东省人民满意的公务员等40余项省级以上荣誉，推动建成全省首家未成年人"一站式"关爱中心，创新性打造青少年法治教育基地，可是我们做得还远远不够，你听……（8秒音乐）

新时代赋予了未成年人检察官新的使命，那就是扎实推进《中华人民共和国未成年人保护法》、《中华人民共和国预防未成年人犯罪法》、《中华人民共和国家庭教育促进法》的落实，携手为孩子们的健康成长提供全方位的保护。习近平总书记说："孩子们成长得更好，是我们最大的心愿"。正青春，有梦想，我是大白哥哥，守护少年的你，我们一直在路上……

千名"折翼天使"的"妈妈"

阳谷县文化和旅游局 李媛

有人说母爱是无私的，在我身边就有这样一位"妈妈"，她用人间大爱，关爱和康复了近千名特殊儿童，让"折翼天使"幸福成长。她就是"山东好人"、聊城市第四届道德模范侯立霞。

那是2002年，大学毕业的侯立霞刚刚走上工作岗位，命运却给了她当头一棒：她的两个一岁多的双胞胎儿子，被医院确诊为脑瘫。脑瘫？这意味着两个孩子可能一辈子都要躺在床上。面对这个残酷的现实，不甘心的她下决心：不管多难，都要给孩子看病，让他们站起来。此后的七年间，侯立霞带着两个儿子，跑遍了全国各地大小医院，花光了所有积蓄。巨大的经济压力，看不到的希望，让侯立霞有时候也想放弃，可当听到孩子们一声声的"妈妈""妈妈"地喊着，侯立霞擦掉眼泪又走上了求医之路。

有一次，在北京的一家医院治疗时，一个医生对她说："你这个情况跑医院也就这样，要不，回家自己试试推拿按摩，看看有没有效果？"侯立霞就带着两个孩子回家了，开始自己给两个孩子做康复。日复一日、年复一年，2005年的一天，侯立霞惊奇地发现老大会爬了，能抓住东西站起来了，老二也能上下楼梯了。两个孩子的变化让侯立霞欣喜若狂，她更有信心了。

侯立霞用康复手法辅助治疗脑瘫的消息，一传十、十传百，来找侯立霞康复治疗的孩子越来越多。在党委政府和爱心人士的关爱下，侯立霞成立了阳谷县残疾人康复中心。她说，我要尽自己的努力帮助更多的残障孩子康复！第一个来中心治疗的是9个月大的瑶瑶，她出生后被诊断为脑瘫。孩子的母亲见到侯立霞，扑通一声跪下："侯大姐，您帮帮俺吧。"侯立霞一把拉起她说："为了孩子，咱们一起努力！"打那以后，瑶瑶就和侯立霞同吃同住，每天侯立霞照顾她的生活起居，同时还要给她推拿按摩，累了歇一会再推拿。在侯立霞的精心呵护下，瑶瑶从无法完成翻身，到能做坐、爬等简单动作，再到能自己吃饭、走路。现在的瑶瑶顺利进入小学，可以正常地融入社会和学校的日常生活。瑶瑶妈妈激动地说："侯大姐就是俺娃的再生父母！"

康复一个孩子，挽救一个家庭。8岁大的静静双脚畸形、只会站不会走，父母也因此整天吵架。孩子来到康复中心以后，侯立霞每天给孩子进行穴位按摩，由于孩子年龄偏大，肢体已经定型，矫正起来更加困难。每次治疗时，孩子都疼得哇哇大哭，孩子妈妈心疼得几次都哭着说"不治了，不治了"；侯立霞边流泪边劝慰：孩子啊，再坚持一下，咱再坚持一小会儿，再苦再疼咱也要把脚正过来啊……半年后静静的脚放平了，能走几步路了。那天当静静的双脚一步一步向前走时，她高兴地喊："我能走啦，我能走啦！"她一头扑进侯立霞怀里说："妈妈，妈妈，你是我的好妈妈！"这一刻实在是等得太久了！静静康复了，一家人又燃起了新的希望。

2022年，党和政府扩大了残障儿童康复救助范围，提升了救助力度。侯立霞又创建了阳谷县慈海康复医院，组建了20余人的专业康复团队，共同为残障孩子提供更好的康复服务。

自做康复以来，侯立霞先后收治了974名残障儿童，均取得显著疗效，其中114名儿童已经走进校园，能够正常地生活和学习。在他们的心中，是院长侯妈妈给了他们崭新的、更有尊严的人生。

从关爱自己的孩子到关爱别人的孩子，从关爱几个孩子到关爱更多的孩子，从关注孩子身体的康复到关注心灵的健康。这是一曲人间大爱的时代赞歌。新时代肩负新使命，侯立霞和她的伙伴们将牢记康复残障儿童的使命和担当，她坚信：在这个温暖的大家庭中，每个孩子都能快乐奔跑在阳光灿烂的大路上！

一个农民工的工匠梦

山东聊建集团第四建设有限公司　李振月

我叫李振月，来自山东聊建第四建设有限公司。我是一名共产党员，也是一名农民工。

首先从我的成长经历说起吧。

由于家境贫寒，1998年，初中没毕业的我就跟着父亲来到建筑工地，干起了水暖学徒工，2002年，我加入聊建集团安装公司，从学徒工做起，一步步到现在，25年的光阴，我专一事、爱一行、敬一业，始终在建筑行业摸爬滚打。我是中共山东省第十一、十二次党代会代表、主席团成员，中华全国青年联合会第十三届委员，荣获全国劳动模范、全国优秀农民工、齐鲁最美青年、齐鲁工匠、水城英才等20余项荣誉称号。

今天，站在这儿宣讲，过去一幕幕不时在眼前浮现。抚今追昔，我感慨良多，我想说的是，努力是冲锋号、时代是大舞台、事业是常青树。

我在社会上算是一个"名人"，但是这个"名人"来之不易。人们往往看到的是成功和荣誉带来的光环，但很少注意到光环背后我的付出、我的坚持、我的不服输。在我的书橱里，有一本跟了我23年的字典，这是我花了10元钱从地摊上买回来的，我的文化程度比较低，学习和理解比较吃力，但我从未放松过学习。我向书本学，不认识的字就查字典、作标注；我向实践学，不懂的就问老师傅。这些年，我虽然脱离了学校，但并未脱离学习，我拿出挤劲和钻劲，攻克一个个难关，获发明专利5项，小发明40余项。2020年，我报考中国劳动关系学院劳模学院，现已顺利毕业，很荣幸地成为学院的首批学生。

2008年，我被评为聊城唯一的中国首届"全国优秀农民工"代表，受到党和国家领导人的接见，从那时起，我先后4次走进人民大会堂接受表彰。每当我站上领奖台，心情总是激动不已，这是党和国家给我的荣誉，我要倾尽全力报效党和国家。我常怀感恩之心，无事不竭尽全力，2012-2021年十年间，创精品工程十几项，聊城的第一个精品工程就是我参与施工的。20多年来，我带领班组完成施工任务100余项，完成施工产值两亿多元，12项工程被评为山东省"泰山杯"工程奖。

于我而言，劳动模范不仅是一个荣誉，更是进取的动力。在山东聊建第四建设有限公司，迄今已涌现出4位全国劳模，我的徒弟许明月跟了我足足12年，在我的言传身教下，2020年，他也被评为全国劳模。在表彰大会上，聊城出了对"师徒劳模"成为一段佳话。

一花独放不是春，百花齐放春满园。我在干好本职工作之外，现在有一个重要社会兼职就是劳模工匠宣讲员。几年来，我先后在各级各类学校，尤其是职业学校宣讲50余次，场场都深受欢迎，引起师生强烈共鸣。我用自己的经历告诉同学们，要怀揣梦想，勇毅前行，在奉献时代中实现人生价值，在劳动中找寻人生的意义。一次宣讲后，一位中职学生悄悄递给我一张纸

条，上面写着："人不能选择出身，但可以选择奋斗，你是我的榜样，我永远向你学习。"通过一轮轮的宣讲，"劳动光荣，创造伟大"的口号正变为更多人的行动，劳模精神和工匠精神已在更多人心中扎根。

今年"五一"前夕，习近平总书记向全国广大劳动群众致以节日的祝贺，他指出："希望广大劳动群众大力弘扬劳模精神、劳动精神、工匠精神，诚实劳动、勤勉工作，锐意创新、敢为人先，依靠劳动创造扎实推进中国式现代化，在强国建设、民族复兴的新征程上充分发挥主力军作用。"

建设社会主义现代化强国是充满光荣与梦想的远征，让我们牢记总书记嘱托，感恩伟大时代，弘扬劳模精神，在光荣与梦想的新征程上书写青春与奉献的华彩乐章：专一事、爱一行、敬一业！

75 岁老汉何以"感动中国"

中共东昌府区侯营镇关工委　王忠祥

大家好，我叫王忠祥，聊城市东昌府区侯营镇人，今年75岁了，是一个平凡而又幸运的老人。

我出生于1949年，和共和国同龄。我出生前，父亲就在渡江战役中牺牲了。作为烈士后代，我享受着党的阳光雨露长大，1970年进入原聊城市外贸总公司上班。我没有见过父亲，但他给我留下的是一笔催人奋进的"政治遗产"。我永远记得，1986年10月28日，我被批准为中共预备党员，5个月后，我从多年积蓄中拿出1000元作为第一笔党费上交给党组织。当时的1000元，相当于很多家庭近半年的收入。

2004年，我光荣退休。老牛自知夕阳晚，不用扬鞭自奋蹄。我把自己的余生都献给了党的崇高事业，成了上万名学生心中的"故事爷爷"。我先后

获得"新华社'中国网事·感动2023'年度网络感动人物""全国关心下一代'最美五老'""山东省最美老干部志愿者""第九届聊城市道德模范"等十多项荣誉。

一、为154名烈士找到"家"

聊城是革命老区，在1948年的开封战役中，聊城人民作出了巨大牺牲，有众多聊城籍烈士牺牲在开封战役中，但由于历史原因，他们的名字并没有被铭刻在开封烈士陵园烈士英名墙上。革命先烈不应该无名无姓，我不忍心让这些烈士这样被湮没、消逝在历史车轮中，我想把这些先烈们留下的宝贵精神财富代代相传，把烈士们的不朽精神发扬光大。2016年，我和几位爱心人士下决心把在开封战役中牺牲的聊城籍烈士名单搜集完整。当时条件比较艰苦，因年代久远、部分行政区划调整，搜集工作存在不少困难。我们几个靠一张地图指路，骑着三轮车走访了122个行政村，先后向临清、冠县、莘县、阳谷、东阿、茌平、高唐的民政部门求助，根据山东英烈网显示的名单、《聊城县著名烈士英名录》、各县市区《革命烈士英名录》的记载，经过反复核查比对，最终找到有据可查的在开封战役中牺牲的聊城籍烈士共计154名，其中侯营镇烈士有68名。在2020年"八一"前夕，经过我们的不懈努力，在开封、聊城两地退役军人事务局的大力支持下，154位聊城籍英烈的名字被补刻在开封烈士陵园英名墙上。我永远记得那一天，有名烈士遗属抱着我哭了很久，她说以后终于知道去哪里祭奠父亲了。我们要让每一个英雄的名字都刻在历史的丰碑上，让每一个英雄的灵魂都能得到人民的祭奠。我想这也算是为154位烈士英灵做了点微不足道的事吧。

二、让红色基因代代相传

革命精神、红色基因代代传。2015年6月，我卖掉一处房产，筹集到12万元，在老家侯营村建起了红色文化长廊、红色纪念碑。为挖掘家乡的红色故事，我还建起了红色村史馆，自己担任馆长和义务讲解员。2015年夏天，我举办了第一期红色公益夏令营，组织孩子们开展参观红色教育基地、学唱红色歌曲、观看红色影片等社会实践活动。从夏令营到冬令营，再到周末学堂，9年来先后有4000多个孩子在这里校准了人生航向。去年举办红色夏令营的时候，已经长大的第一届、第二届夏令营学生闻讯赶来，做起了老师和志愿者。为了让乡亲们不出村就能接受"党史国史"和家风教育，我花2万多元制作了108块党史展板和98块国防教育展板，开着三轮车办起了"党史国史流动大课堂"，一有时间就到中小学校、村庄、社区、集市进行巡回宣讲，8年来走遍了侯营镇64个村和城乡125所中小学，义务宣讲460场，也吸引了新疆、湖南、北京、济南等地300多位"五老"志愿者和老师前来公益授课、做义工。

三、让好家风浸润人心、根深叶茂

为弘扬好家风、好民风，从2018年开始，我们侯营村每年都会举办"好婆婆""好媳妇"与"最美系列"表彰评选活动，6年来共评选出54位好媳妇、63位好婆婆、259位最美人物。除了给当选人颁发牌匾、证书外，颁奖仪式后还由村党支部将写有"教女有方"的报喜锦旗，敲锣打鼓地送到"好媳妇"娘家村上，将榜样的力量送到更多村庄。我还在村里建起了村德家训长廊、朱子家训长廊、千余米长的"侯营镇传统文化村德家训一条街"。2019年，我组织本村17个姓氏家族，制作了619块家训家规牌匾，举行了赠匾仪式，把家风家训深刻融入文化传承和乡风治理中。我们还发起了爱心洗衣房项目，为村里的独居老人和困难家庭提供免费洗衣服务，连续多年开展清明祭英烈、端午节、重阳节、腊八节等活动。

我感恩党、感恩国家、感恩家乡，是他们让我成为这个时代幸运且幸福的老人。我只是做了一些微不足道的小事，却收获了很多荣誉。我希望，我们每一个人都心怀感恩，不忘初心，为我们的国家贡献一份力量。

约定

茌平区振兴小学　丁方茗

　　今天我宣讲的故事是从一张照片开始的。1987年，孔繁森担任聊城地区林业局局长，那年冬天聊城荣获"全国平原绿化先进地区"的称号。也正是那一年，有个茌平的小伙子，因为工作表现突出到地区林业局汇报工作，于是有了这张珍贵的合影。当时孔书记对他说："吉贵啊，改造苗圃的重任，就交给你了，你得好好干！"于是这个憨厚朴实的小伙子，把这句话当成了与孔繁森书记永远的约定！

　　这个茌平的小伙子就是现任茌平国有广平林场场长的王吉贵，源于约定、终于实践，从此他扎根林业，用40多年的坚守，树立起了基层党员干部先锋的形象。

　　1979年，17岁的王吉贵也只是茌平王老苗圃的一名普通职工。那时的王老苗圃号称"十二连洼","春季白茫茫，夏季水汪汪"，树苗成活率不足10%。但年轻的王吉贵不以为苦，他说"事在人为，我就不信干不好"。他从扛锨、刨地、砸坷垃做起，一路干一路学，成了苗圃最优秀的职工，这才有跟孔繁森拍下了这张珍贵合影的机会。

1994年11月29日，孔繁森不幸殉职。得知孔繁森去世的消息，王吉贵握着这张珍贵的合影暗暗发誓："孔书记把生命献给了青藏高原，我也要向这样的楷模看齐，把一生献给鲁西大地的绿水青山。"

面对王老苗圃2000多亩的盐碱涝洼地，他说："咱是党员，必须得干出个样子，让苗圃活起来。"他决定挖沟开渠、改造土质，可当时单位账户欠债几十万元，连启动资金都没有。王吉贵一咬牙背着妻子卖掉了家里生意正红火的一间商铺，拿出家里的所有财产投入苗圃建设，吃在工地、住在帐篷。三伏天挖渠，他拿着铁锨冲在前面，再把挖好的土用扁担担走。职工担一趟，他就担两趟，肩膀时常被磨破。冬天抢灌冬水，水渠被冲垮，他毫不犹豫地跳下去抱着麦草站在冰水中保护渠道，尽可能减少损失……职工们都说："我们王书记吃苦耐劳、脑子又活，全场也挑不出他这样的能人。"

终于，苗圃的育苗产业迎来了蓬勃发展，成为年均出产苗木120万株、绿化苗10万株的"山东省示范苗圃"。他还主动肩负起建设"鲁西枣乡"的重任，精心选育的茌圆金、茌圆银2个换代品种，成为枣乡建设的主力，同时他带领技术人员攻关圆铃大枣新品种密植栽培技术，该项技术通过了省级专家组鉴定，达到国内领先水平。

王吉贵永远记得和孔书记的约定，他说无论是冰冷的雪域高原还是贫瘠的盐碱地，只要敢于担负使命，就没有战胜不了的困难！2014年底，他调任国有广平林场场长，上任的同一天，茌平金牛湖湿地公园被列入国家级湿地公园试点。根据要求，广平林场的古漯河湿地将直接关乎国家湿地公园能否顺利通过验收。年过半百的他，再次扛起了这份沉甸甸的重任。但是，2016年聊城市黑龙江路东延线将在广平林场穿行而过，若按原工程方案，湿地将

被拦腰截断。为了保护林地和林子里的数万鸟类，他连夜整理相关材料，逐级向领导汇报，为了让省里的专家看看这片林场，他在专家的门口从天亮等到天黑。最终，黑龙江路东延线广平林场段整体南移60米，成为聊城市项目建设为生态环境让步的佳话。如今的林场吸引了大量白鹭、灰鹭、夜鹭、牛背鹭等几百种野生鸟类繁衍栖息，成为茌平"人与自然生命共同体"的代名词，而我们茌平金牛湖国家湿地公园也成功通过国家林业和草原局验收，为鲁西大地再添一张生态"金名片"。

在党的二十大报告中，习近平总书记再次提出了"坚持绿水青山就是金山银山的理念"，王吉贵干了一辈子林业，走过了荒凉的盐碱地，走过了美丽的枣乡，也走过了生态优美的湿地公园。新时代、新征程，如今在王吉贵的带领下，茌平区国有广平林场荣获"全国绿化先进集体"称号。王吉贵个人也荣获了"全国五一劳动奖章""全国林业系统劳动模范""全国最美林草科技推广员""山东省优秀共产党员"等荣誉称号。去年3月，他还获得了"齐鲁最美自然守护者"荣誉称号。

王吉贵说："想起孔繁森书记曾经交代我的话，我想，我没有辜负当年的约定！"

齐鲁大地育赤子，雪域高原留英魂。行走在新时代，需要千千万万个追梦人、奋斗者，需要千千万万个孔繁森、王吉贵。作为新时代的追梦人，让我们以今天的宣讲为新的"约定"，在新征程上肩负使命、逐梦前行。

爱流泪的父亲

茌平区退休干部　张银昌

今天我想和大家分享我父亲的故事。

父亲1926年出生、1947年入党，新中国成立那年就当上村里的支部书记，一干就是73年，可以说是"与共和国同龄的村支书"。他曾是党的十一大、十四大、十五大代表，还先后被评为"全国劳动模范""全国科技致富带头人"。虽然他荣誉无数，但在我的心里，他却曾是一个"不合格"的父亲。

听老人们讲，我们村的涝洼地历来是"只收蛤蟆不收庄稼"，收成很不稳定。打记事起，我没吃过几顿饱饭。有一次实在饿急了，母亲带着我到大队部去找萝卜头吃。被父亲大声呵斥："萝卜再小，那也是公家的东西。"母亲含着眼泪抱着我回了家。当时，我心想：父亲咋这么狠心啊？晚上父亲回到家，母亲赌气不理他。父亲叹着气说："咱是党员，不能占这个便宜、开

这个头啊！"那天晚上，我看他含着泪蹲在大门洞子下。那是我第一次见到父亲流泪。

从那之后，父亲带领村委班子下定决心——改造涝洼地。他光着膀子亲自上阵，带领乡亲们排水、挖沟、整土，经过3年1000多个日夜的苦战，我们村第一次迎来了大丰收：不仅人均分到400斤的口粮，还破天荒上交了17万斤的"爱国粮"，人均贡献小麦在全市名列第1。交完"爱国粮"那天，我又一次看到父亲脸上带着笑、眼里含着泪。

父亲成了全国劳模、省劳模，但我总感觉他对我们这些家人非常小气。他多次去北京参加党代会，我们兄妹几个都盼着他能带回点好吃的或者两件新衣裳，但每次都会失望。他的包里除了中央文件就是致富的书。记得有一年他到北京开会，正赶上中秋节，省委书记送给了他一盒月饼。我们兄妹几个可高兴了，围着月饼盒转圈，都想看看这月饼是啥样的、尝尝是啥滋味的。可父亲把每块月饼都切成了好几份，挨家挨户送给了村里的老党员。我们兄妹几个馋得直打转，母亲也说："这可不是公家的东西吧，也不给孩子尝尝？"父亲说："这不是一盒普通的月饼，这是省委对村里沉甸甸的嘱托啊！"就这样，我心心念念的月饼就剩下了一个空盒子，被父亲摆在了村委办公室最显眼的地方。

乡村要致富，产业是出路。为了不辜负省委的嘱托、让村民致富，父亲自费买了200只鸭苗，在我们家里试养，把鸭子当成自己的孩子。我当时就觉得，我们兄妹几个还不如那些鸭子和他亲呢。到了冬天，他就住到鸭棚里，结果中了煤毒，昏迷了好几天。当时，医生问他："现在温饱解决了，你为了这200只鸭子差点搭上命，图啥呀？"父亲又一次掉了泪，他说："党信任咱、老百姓都盯着咱，再不拼上命干，让村里富起来，咱心里有愧啊！"皇天不负有心人，鸭子出栏后，每只净赚两块多，彻底打消了村民的顾虑。在父亲的带领下，村里先后建起了养鸭厂、填鸭厂、冷藏厂，逐步形成了鸭业集团。1998年，我们村人均收入超过了一万元，成了鲁西北的一颗明珠。

作为家里最小的孩子，我始终不理解：一辈子要强的父亲，背后流了好几次眼泪，图的啥？直到我也参加了工作、入了党，才真正明白，他用73年工作经历所总结的"吃亏精神"。也正是凭着这种精神，他带出了一个无私奉献的好班子、好队伍、好村风：村党支部老中青三代，既有全国劳模、省劳模，也有"全国三八红旗手""全国科技兴农带头人""全国双学双比女能手"；党支部还是"全国先进基层党组织"，我们村也评上了"全国文明村"。

2022年，97岁高龄的父亲安然离世。他没有留下什么物质财富，但他一辈子坚守原则、无私奉献的"吃亏精神"却是我们永远的精神财富。作为"与共和国同龄的村支书"，父亲亲身经历、亲眼见证了我们国家从站起来、富起来到强起来的伟大飞跃。如今，在我的家乡，一个又一个"张国忠式"的支部书记接连涌现：有被习近平总书记点赞的全国劳模耿遵珠，有退伍回乡带领村民致富的张玉兵……他们是全国万千党员干部的缩影。正是有了他们的示范带领，才有了家乡现在的欣欣向荣。

或许我明白得太晚了。多希望时间能倒流回去，我还能再给父亲读一读报纸、聊一聊家常，再拍上一张难得的"全家福"，听他再念叨一遍"吃亏经"："当干部首先学吃亏，学吃亏就有人跟随。当干部必须能吃亏，能吃亏才会有权威。当干部坚持常吃亏，百姓中才有好口碑。当干部情愿甘吃亏，甘吃亏为党增光辉！"

小乡镇走出来"大国重器"

临清市烟店镇人民政府　朱彤

我来自烟店镇，烟店是一个小乡镇，估计有人不熟悉。但就是这个小到在地图上几乎都找不到、名不见经传的地方，有各类轴承生产加工企业1000余家，产品销往全国20多个省市，出口东南亚、欧美等地的40多个国家，是名副其实的"中国轴承之乡"。

40年前，烟店镇悄然兴起了轴承加工业。人们在水泥板和塑料大棚搭建的轴承集市上售卖产品，那时的烟店轴承，翻新多、贴牌多，在人们富裕起来的同时，烟店轴承市场假冒伪劣的坏名声也不胫而走。

杨海涛，和很多当时的烟店人一样，毕业后在市场上摆摊儿卖轴承。当时生产工艺低端化导致产品同质化非常严重，日趋激烈的市场竞争让海涛时刻思考着：如何才能造出属于烟店自己的轴承并且拥有无人可比的市场竞争力？

机缘巧合，武汉的一位客户发来订单，上面清清楚楚写着五个字"超薄壁轴承"，当时这个要求对于整个烟店来说，完全是一项技术空白。

放弃这个订单，等于失去了这片市场蓝海；承接下这个订单，技术上根本就达不到。但是在海涛眼里，危机，就是救活烟店市场最好的机会。经过市场调查后他发现，在国内，超薄壁轴承的市场需求虽然不像普通轴承那样大，但主要应用于军工、医疗、工业、机器人、风电工程等高端关键行业领域，而且当时国内的超薄壁轴承需要依赖从美国和日本进口，价格十分昂贵不说，还常常断货。

机会总留给有准备的人和有决心的人！通过大量的市场走访调研，海涛制订了详细的研发方案，他拿着这个方案到高校和科研机构去找专家、找技术人才，但是万事开头难。

"这个领域的技术研发全国都没有搞成，你们一个小乡镇的小加工厂能干出什么名堂？""这个项目需要大量的研发资金，这个钱你们拿得起吗？"一开始，海涛听得最多的就是这些声音。

没有专家技术支持，所有研发计划只能是零。吃了闭门羹，他就天天到人家办公室门前等着。腿站酸了就蹲一会儿，脚蹲麻了再来回走走。时值盛夏，烈日当头，湿衬衫、矿泉水、文件袋是海涛的标志性三件套。连呼吸都是滚烫的季节，他的嘴里长满了溃疡，疼得什么东西也吃不下，可就是这样他也丝毫没有打退堂鼓。功夫不负有心人，海涛的坚守和真诚邀请到济南大学摩擦学教授和河南科技大学、北京航空航天大学等专家技术人才，组建成了一支技术创新型研发团队，这只是各种困难和挑战的开始。

超薄壁轴承对精度的要求是头发丝的七分之一，而依靠当时简陋的环境、陈旧的设备，生产出这样的高精尖产品简直就是天方夜谭。从此，海涛吃住在车间里，他压上了全部积蓄，不够，再外筹资金，因此背负了大额债务。公司员工、父母妻儿非常地不理解，父亲曾多次劝导他："儿啊，咱为

啥非要钻这个牛角尖呢？"男儿有泪不轻弹，海涛默然不语，当时只有一个信念支撑着他："烟店不能只生产低端产品，国家也不能单纯依赖国外进口，中国人干的就是挺起脊梁的事。"

研发初期，他们高价购进过国外产品进行拆解，借用过企业淘汰下来的超薄壁轴承做样品测试，把数据记下来再还回去，使用过橡胶砂轮、矿石砂轮、金刚石砂轮等各种部件打磨，整套工艺不行就再换一套，就这样，三年，海涛好像不知疲倦，他也因长时间工作落下了腰椎间盘突出的毛病。终于在2009年12月1日，研发团队站在了专业检测设备前，大家紧张得心都提到了嗓子眼：转速检测合格、载荷检测合格、耐高低温检测合格、噪声检测合格……16项指标全部达标。鉴定报告上写着，该技术含量和精度较高，达到国际先进水平，可以替代进口。这个项目也得到了国家领导人的高度认可，成功入选国家工信部强基工程。

如今，咱的超薄壁轴承被安装在穿刺机器人的机械臂上，做起手术来，误差率可以缩小到0.995毫米；国庆70周年，咱的轴承通过层层筛选被嵌入花车驱动的核心零部件中，成功出现在万众瞩目的阅兵式上；疫情防控期间，咱的2000套薄壁轴承安装在核酸检测机器人的手臂上，完成了2000万次咽拭子无人自主核酸采样；共享单车用的也是超薄壁轴承。2017年，海涛公司的市场份额一度接近国内市场的60%，被认定为山东省首批制造业"隐形冠军"企业。

正如习近平总书记指出的那样，关键核心技术是国之重器，国之重器一定要牢牢掌握在自己手里，这是要不来、买不来、讨不来的；"抓创新不问'出身'，能给国家作出贡献的，就是最重要的"。如今的烟店镇，正在崛起一个又一个"国家小巨人企业"，生产出一批又一批大国重器。听，厂房里那叮叮当当的生产线正在勇攀世界高峰，书写着下一个铸造奇迹。

领路人

信发集团有限公司　周晓

　　我叫周晓，是信发集团的一名员工。信发集团每年在重阳节这一天，都会邀请厂里的退休职工到集团的各个公司去走一走，看一看。那是2020年的重阳节，一大早老职工们就相聚在集团的办公楼前面，说说笑笑，好不热闹。这时候，工作人员搀扶着一位腿上打着石膏的老人慢慢地走过来，老职工们心疼地问道："张书记，您这是怎么了？"老人微笑着说："没事，一点小伤！今天我就陪着咱们老同志们，好好地过个节！"他忍着疼痛，一直坚持到参观完最后一个厂区！这位打着石膏的老人，就是我们的领路人，茌平信发集团董事局主席——张学信，因为曾担任过几年县委副书记，集团的职工们都习惯地称呼他为"张书记"。

　　后来，大家才知道张书记受伤的原因，原来，他牵挂着电石厂的技改项

目，由于工地光线昏暗，一不小心踩到皮带上，跌倒了。考虑到中午还要和德国的技术人员商谈石膏板项目，他忍着钻心的疼痛，直到谈完项目，才来到医院治疗，这时候大家才知道当时他的脚踝就已经骨折了。医生为他打上石膏，再三嘱咐至少要静养三个月。可是第二天，他又坐着轮椅，出现在了石膏板项目现场。望着他坐在轮椅上的背影、花白的头发，大家的眼眶都湿润了。

张书记当过代课老师，干过拖拉机站站长，后来又当上了茌平电厂的厂长，1983年的茌平电厂，经营异常艰难，买煤的钱都没有，当时的形势是：临时工全部辞退，正式工看家护院、等待破产。工厂倒闭，工人吃啥喝啥？已经在南京封闭式培训2个月的张书记得到这一消息后连夜赶了回来，召开紧急会议，他说，娶得了媳妇管得起饭，开店的不怕大肚子汉！他亲自带着工人到煤场筛煤核，挑出大块的去市场上卖个高价钱，细煤直接去发电，通过抓小指标考核、节煤降耗等一系列措施，终于让电厂平稳地渡过了困难期。工人们的饭碗保住了，身上的干劲儿更足了。如今，信发集团更是创造了十项世界第一：世界上最先进的高效超超临界机组、世界上槽型最大的电解铝生产线、单线产能世界最大的氧化铝生产线等等。党的十八大以来，信发集团的总资产从1428亿元增长到3100亿元，累计向国家缴纳税费千亿元，各项公益捐献达30多亿元。

张书记经常说："我是农民出身，下一步要在农业上投入一些，让农民富起来。"他是这样说的，也是这样做的。他38岁离开的小刘村，也正是在38年以后，他又回到家乡，打造了一个全新的"小刘新村"，村里144户，621人，全部住进了宽敞明亮的联排别墅！并且在小刘村发展了信发现代农业产业园，标准的信发农产品三件套"草莓、樱桃、鲈鱼"，就时不时地进了我们信发职工的家里。远在省外的职工他也牵挂在心，如今我们又在新疆盖起了农业大棚，张书记说，要让省外的职工也能吃上自己种的草莓，品尝到自己种的樱桃。

2023年6月份，茌平中心街路面提升改造工程由信发集团承建，张书记每天都来到施工现场。他带着广大干部职工，顶着炎炎烈日，冒着酷暑高温，大干苦干，全长7.8公里的路面，不到8天的时间全部施工完毕。当时室外温度达到了近40度，烈日下这位76岁的老人，脸上的汗水滴落在滚烫的路面上，汗水蒸发了，路，畅通了！

张书记是一位有着58年党龄的老党员，在他身上我们看到了老一辈党员吃苦在前，享受在后的奉献精神，这种精神历经岁月沧桑而初心不改，坚如磐石！这也真正诠释了习近平总书记说的那句话："人民对美好生活的向往，就是我们的奋斗目标。"今天，在推进中国式现代化的伟大进程中，让我们弘扬这些楷模们身上的优秀品格，传承奋斗意志，在新时代的广阔天地里，勇挑重担、历练本领、担当作为，努力为茌平区、为聊城市高质量发展贡献力量！

妈妈的心愿

聊城市消防救援支队陈口路特勤站　张坤

　　我想跟大家分享的是一位妈妈的故事。2019年秋，我加入了消防救援队伍，入队的第一天，我的班长给了我一瓶黄桃罐头，我尝了一口："嗯！真好吃！班长在哪儿买的呀！""这可不是买的，这是咱妈给的。"说完这句话，班长被我疑惑又惊讶的表情逗笑了，他接着说："听我给你讲个故事吧……"

　　每年中秋节，总会有来自安徽砀山的快递送到我们大队门口，箱子里是装满的砀山梨和黄桃罐头，而送特产的，就是我们的"妈妈"高艳。

　　说到我们和"妈妈"的故事，不得不回忆起那悲痛的一天。

　　2010年4月7日，聊城阳谷新诚塑胶有限公司预处理车间发生重大火灾。全市7个中队、13部消防车奔赴现场救援。葛宇航班长所在中队也在指挥员的带领下，作为首战力量，迅速投入救援任务中。宇航班长不惧危险，和3名战斗员抢占火势猛、浓烟大的车间南侧2号门进行灭火。火魔逐渐退却，然而谁也没有预料到，失火车间顶部由于钢架受高温烘烤，承受能力下降，突然发生坍塌，墙体直直砸向宇航班长他们。那一刹那，宇航班长大喊一声："快撤！"随后，他猛地推了一把身后的两名战斗员，这一推，便是生死之隔，宇航班长被重重砸在炙热的废墟之下，献出了宝贵生命。

宇航班长的父母是安徽省砀山县葛集村的一对平凡夫妇，为人淳朴和善，在家乡有着很好的口碑。最疼爱的孩子牺牲了，白发人送黑发人的痛苦撕心裂肺，而宇航班长的母亲更是一度哭到瘫软在地，无法行走。追悼会上，看着躺在鲜花中的儿子，看到他脸上被清理过的伤痕，他们再也无法控制住自己的泪水。英雄母亲一句句无助的呼唤，让人心疼不已。

第二天，在领导的邀请和陪同下，宇航班长的爸爸妈妈来到了中队，参观了儿子生前工作生活过的地方，走到宿舍靠墙的第三张床前，妈妈再也忍不住了，她一下子扑倒在床上，用颤抖的双手抱着那叠得整整齐齐的被子，任泪水喷涌而出滴落在被面上。好长好长时间，她都死死地抱着那床被子不肯松开，仿佛儿子就在怀里。中队长和指导员哭着冲上去跪倒在床边，一把抱住她说："妈，以后我们都是您的儿子。"

从那天起，妈妈多了很多"消防员儿子"。

班长说，"妈妈"是个坚强的女人，临走那天，她做了一个令人诧异的决定——取出宇航班长存折里积攒的8000块钱，要为他交一次特殊党费。她说，自己从不后悔送宇航去当兵，那些事儿总得有人去做，儿子干的事业是让人尊敬的，只是自己这一生最大的遗憾，就是没能多疼孩子一点。

时间在慢慢流逝，伤痛却难以平复，就在宇航班长牺牲后的第一个中秋节，支队迎来了最尊贵的亲人。

那天，天还未亮，便有一辆安徽牌照的小货车停在驻地外，支队的战士们心头一颤：果然是"妈妈"来了，她面容疲倦，瘦削的身躯蜷着斜倚在副

驾驶靠背上，睡得不沉，我们一靠近，她便唰的一下坐了起来。原来是家里的黄桃丰收了，之前她都会做成黄桃罐头，邮寄给宇航班长。如今，宇航班长不在了，二老却为了我们这些"儿子"，从家里一路赶来没停歇，到消防驻地时天还没亮，"妈妈"为了不打扰我们休息，硬是让爸爸把车远远停在了驻地外等着，这可是赶了四百多公里长途啊！

他们从进门就没停住过脚，总想帮我们多做一些事。"妈妈"还找在场每个人要了老家的地址，说想试着再给他家里邮些罐头去尝尝鲜。"'妈'，咱最近身体哪儿不舒服吗？怎么这么瘦了啊？"战士们关心地问，没等妈妈开口，爸爸忍不住了："她啊，还没出伏天儿，就忙着做罐头了。天这么热也一直在蒸锅边儿上守着，这些罐头做完，就瘦了八斤了，唉，你们这个'妈'！""孩子们喜欢吃我就高兴！""妈妈"这一句话，让在场几个战士都扭头抹了眼泪。

说到这里，班长擦了擦湿润的眼眶，他说那是他过的最难忘的中秋节，也是一个新的开端！他们开始慢慢习惯有这样一位特殊的"妈妈"陪伴，队里每逢有大事喜事，他们也都会第一时间告诉妈妈：

"妈妈，宇航班长被市委列入了重大模范宣传典型。"

"妈妈，我们被总队记了集体三等功！"

"妈妈，习近平总书记为我们授旗了，以后我们从'橄榄绿'变成'火焰蓝'了！"

再后来，"忠诚、无畏、坚韧、奉献"的宇航精神慢慢在全市24个以烈士名字命名的宇航班和宇航志愿服务小分队中延续开来，它就像一颗火种，生根发芽，长出枝叶，浸润到每一名消防指战员的灵魂血脉中。

去年清明节前，组织批准我休了年假，在我的再三请求下，班长带我来到安徽砀山看望"妈妈"。尽管已过去了很久，但妈妈家客厅摆放的沙发、墙上贴着的荣誉证书、柜子里存放的信件依然还是原来的样子。我们陪着"妈妈"去看了宇航班长，她依旧仔细地擦拭着墓碑，嘴里喃喃地说着话。

回来的路上，妈妈说，以前想航子的时候，就会拿出航子写的信，看一次，哭一次。可每每想到还有那么多航子的战友关心着他们，妈妈总说，把孩子送到山东去当兵，我们不后悔，孩子们还挂念着她，自己很知足、很欣慰！

如今，"妈妈"多了许多白发，也长了皱纹，但她每年还是会如约而至，带着那上百箱的梨和亲手做的罐头，也带来了我们对家的思念。而我们，在坚守岗位、履职尽责的同时，有时间也一定会去看望"妈妈"，有时说说笑笑聊些家常，有时就那么陪着她静静地坐着。家庭是构成社会的基本单位，是人们灵魂深处最温馨的港湾。只要"妈妈"在，我们消防队就不孤单，因为在我们心里最柔软的地方，有个家，在安徽，有个"妈"，日日期盼着她每个孩子都健康平安。

无愧于时代、无愧于人民、无愧于历史。这，才是妈妈最大的心愿。

农民的事是天大的事

高唐县融媒体新闻中心　盛殿华

　　我在高唐县宣传战线从事新闻工作十多年，每当我找不到群众身边的新闻线索，都会想到一个人。找到她，不用约下乡的时间，因为她天天下乡；找到她，也就找到了新闻稿源。她就是杜立芝，高唐县农业农村局高级农艺师，三级调研员，党的十八大、十九大、二十大代表，2023年4月省委宣传部又授予杜立芝"齐鲁时代楷模"荣誉称号。我一直在思索："齐鲁时代楷模为何是杜立芝？"从以下两个故事中我寻找到了答案。

　　第一个故事："是什么让杜站长选择了这条农技路，并且让她坚守了38年？"

　　杜立芝上初中时，她家的2亩棉田因误喷了矮壮素，颗粒无收，这可是一家人指望的一年的花销呀，她的父母整天愁眉紧锁。从那时起，杜立芝就懂得了土地和庄稼对农民意味着什么。报考农校，再回农门，用自己的一技之长为广大父老乡亲做点事，这也成为她的初心。

参加工作后，类似的事越来越多。一个寒冬的午后，一辆救护车从姜店镇尚官屯村的大棚急速驶向医院。大棚户老赵的妻子一气之下喝了农药。她气愤的是，靠贷款建起来的大棚，却因丈夫不会管，导致黄瓜大片死苗。因抢救及时，老赵的妻子捡回一条命。老赵拨通了杜立芝的电话。杜立芝放下电话，带上团队，直奔大棚，她开完药方，又来医院，听说黄瓜苗还有救，老赵的妻子挣扎着从病床上坐起来，颤巍巍的手紧紧拉住杜站长的手："真的有救，俺的黄瓜苗真的有救？"说着她的眼里已满是泪水。杜立芝的药方很见效，黄瓜苗又重新冒出了新芽。杜立芝说："老百姓拿着庄稼比命都重要。"看到老百姓因庄稼害病而焦急的神情，杜立芝就像接到了命令一样，迅速行动。

第二个故事，"她是怎样赢得百姓的信任，又与群众结成了怎样的深情？"

杜立芝学的是大田作物管理，上班却赶上了发展大棚蔬菜。那段时间，杜立芝常被"问倒"。她立志一定要把自己打磨成"大棚通"。她白天进大棚实地观察，晚上看书看报"充电"。有一个寒风夹着大雪的傍晚，她骑车回家，连人带车滑进了沟里。杜立芝腰部摔伤，从此便留下了腰疼的病根。那几年，她骑坏了3辆自行车、2辆摩托车。

此后的一件事，让杜立芝初露锋芒。那一年，姜店镇尚官屯村50个大棚的黄瓜苗，出现大片枯死。杜立芝一番望闻问切给出了诊断：大棚盖了劣质薄膜，棚膜遇热释放毒氯。当务之急是撤掉后坡薄膜，放风降温排毒。杜立芝的诊断引起了薄膜经销商的不满。他们的"专家"开出了相反的药方：提高棚内温度才能保苗。这一年，大棚户走出了2条路，跟经销商走的大棚，死苗愈演愈烈；跟杜立芝走的大棚，黄瓜苗则有了生机，这一年收成六七千元。后来，这样的事多了，一传十，十传百，老百姓开始信服杜立芝。有一

次，一个大棚户给杜立芝送来了8个刻着字的南瓜："祝杜站长天天快乐"。杜立芝说："这是老百姓对自己最大的褒奖，金杯银杯不如老百姓的口碑。"

2018年，高唐县委设立了杜立芝党代表工作室，在她的带领下，组建了90多人的农技志愿服务团队，培养了1000多名"田秀才"，形成了县镇村三级服务网络。在她的带领下，农技"志愿红"成为高唐田间最靓丽的风景。

中共聊城市委关于开展向杜立芝同志学习活动的决定中指出，杜立芝同志懂农业、爱农村、爱农民。她坚守初心、至信笃行，"以己之行传播党声"。

农民的事是天大的事，这是杜立芝的使命所系。为了履行使命，她就像一朵蒲公英，朴实无华，装扮大地，尽情绽放，无限传播。

扎根

冠县范寨镇芦贯庄村　支润泽

　　大学时期，我经常出去旅行，每次走出火车站的时候，总会有一些当地的居民涌上来问坐不坐车，这些人和我爷爷奶奶年纪差不多，开着电动三轮热情揽客。每当看到他们，我的眼睛就会泛酸，总在想，我要为他们做点什么。

　　2020年5月，市委组织部面向选调生公开遴选农村党支部书记。作为一名乡镇公务员，我毅然决然报了名，录用后被选派到省定重点贫困村芦贯庄村担任党支部书记。当我满怀信心，走进这个村，准备大干一场的时候，群众并没有因为我是一个小姑娘而对我展示他们的"友好"。一见面就送上了两份"大礼"："咱村的路灯三年都没亮了，有支部书记了就得亮起来了呗"；"咱村胡同还没硬化，十里八乡没硬化的就咱自己了"。查看村集体账户后，

我看到的是10万多的财政赤字，解决这个"难题"我必须另谋出路。群众可都看着我呢，解决了他们的老大难问题，他们才会信任我。"作为党支部书记，我得给群众吃一颗定心丸。"我暗自下定决心，广泛寻求解决问题的最佳途径。经咨询、初审，银行给了我20万的贷款额度。20万资金，解决两个问题，只要省着点花，差不多也就够了。于是，我联系了十几个砖经纪采购了旧砖，买来了路灯，说服群众出义务工，从早上5点到晚上12点，我挨个胡同地做工作赶进度，最后嗓子哑得说不出话了，但很有成效，短短9天时间铺完了全村70条、2万1千平方米的胡同，换了60个路灯，扮靓了村庄，也照亮了群众的心。后来，一鼓作气，我又修通了1条村村通大路，3条下水道，新建了8座桥梁，给全村52户贫困群众修葺了房屋、铺了院路、垒了院墙、安了大门。并发挥党组织桥梁作用，从邻村挖沟修闸放水，解决了困扰了我们村40多年的灌溉老大难问题，赢得了全村人的信任。

发展村集体经济，用好村集体资产是关键。走访中，我发现村里还有18.3亩集体土地和40亩集体坑塘仍在以每亩每年100元和75元的低价进行发包，据说那一纸合同签的是20年。村干部告诉我，这些集体资产的低价发包对象不好"惹"，有的是老干部家属，有的是"村闹"。作为党支部书记，我知道自己的腰杆必须直、必须硬，于是，反复走访、调研，交流、座谈，虽然最终取得了胜利。但是，我不会忘记，当时，我怀着孕，独自一人坐在办公室，一位不愿退回集体资产的大哥，喝醉了酒情绪激动并迁怒于我，在屋外当当地踹门、砸玻璃，甚至叫着我的名字骂。说实话，当时我很害怕。但是，我知道我必须坚持，不能退缩。村集体资产收回后，我以市场价重新对这些土地进行了发包，每年为村集体增加了4万元收入。没想到的是，后来，这位踹门的大哥家里出了事，他的妻子因为双侧股骨头坏死无力救治而喝药自杀，去了两家医院才捡回一条命。得知这一情况后，我不计前嫌，立即向县残联和省医院申请，帮他争取到一个免费救治名额，当大嫂重新下地干活后，大哥连连向我道歉，夫妻俩一起为我送来了锦旗。每当我感到困惑、无助或委屈的时候，这面锦旗就是我的动力，这是群众对我的最大褒奖。

2021年年底，县委、县政府大力推广农业生产土地托管服务，我意识到这是一个强村富农的大好机遇，当我表示要在我们村推广这一服务的时候，村两委干部带头反对，并劝我说："咱镇上老支部书记很多，很有经验，比你更了解村里的事，要是真好他们不都弄了？"我摆事实，讲道理，说服村干部后，我动用微信群和大喇叭广泛发动，拖着临产前笨重的身子，连着一个月盯在村里，每天接打200多个电话，给群众调地、解决群众各种问题和诉求，因说话太多又顾不上喝水造成羊水不足，孩子早产了41天。当我看到孩子在新生儿科重症监护室里抢救，眼泪哗哗地流，我对得起我的理想，对得起我的工作，对得起我的村庄和我的群众，但我对不起我的孩子。万幸，她是个坚强的宝宝，转危为安、一切都好，我们村的土地托管工作也取得了全镇第一的良好成绩。

每当我漫步鱼塘，遥望一望无际的麦田，心里就特别踏实、特别激动、特别幸福，我要在这里扎根，我爱这方土地。

以巾帼之名，与祖国同行

东阿县姜楼镇中心小学　刁玉娟

今天我想给大家讲一个故事，来自一个女儿眼里不一样的妈妈。

小时候，我是整天被锁在家里的留守儿童，而妈妈给予我的是一串数字，也就是我们家的电话号码。在家的时候，我做过最多的事情就是接电话，电话那头是形形色色的声音，有着各不相同的情绪，有焦急、有无助，也有害怕。妈妈在接到电话之后，会尽可能地，尽早赶去地里，看看老百姓的庄稼怎么了。知道她忙，我很少给她打电话，我们每次通话都很简短，而且永远都是，我最后一句话还没说完，她就把电话给挂了。我曾经跟她抱怨，但是很久以后我才明白，她只是怕电话占线，老百姓的电话打不进来，找不到她。

她没有带我去过游乐园、动物园，但是我跟她去过麦子地、玉米地。很小我就自己动手嫁接过菜苗，看过小麦开出的像芝麻粒一样的小花。所以，妈妈不要感到愧疚，地里的日子也带给过我很多快乐。她很少跟我讲道理，只是用走遍每一个村庄的脚印和几十年的专注，告诉我，心无旁骛才能把一件事做成、做好。

聪明的人要做笨事，她的工作并不浪漫，离天空很远，但是离大地很近，能让她把根深深地扎到泥土里。在她身边，我也时刻感受着一种向上生长的力量，并且告诉自己，总有一天，我也要努力长成能与她并肩的模样。

自己工作以后才更真切地感受到他这几十年的坚持有多不容易。老百姓靠天吃饭，有天灾的时候难免带着脾气，但她从来都是微笑应对。冬天钻进大棚里，其实温度很高，湿度很大，但是出来的时候冷风一吹，感冒就成了家常便饭。夏天正午的地头有多晒，大家应该都能想象，但是晒到黝黑的皮肤就是她最闪耀的勋章。可能大家没有见过她的头发，不染的时候其实都是白的。现在偶尔回家，我再接到电话，还会有人说："是杜站长吗？"你看，这三个字，就是老百姓的认可，也是这么多年她奔波于田间地头最重要的意义！

她就是齐鲁时代楷模——杜立芝。这是一段来自她女儿讲述。38年来，她跑遍600多个村子，写下400多万字的"农技日记"，将论文写在大地上，"一身土、一身泥、一身虫"是她的常态，全县农民亲切地称她为"问不倒的杜站长"。

杜立芝同志只是千万巾帼楷模中的一员，各行各业都涌现出许许多多的杰出女性。首位进驻空间站、首位出舱活动的女航天员王亚平，把祖国的荣耀写满太空；献身教育扶贫，点燃大山里女孩的希望的张桂梅；坚信农村脱贫攻坚战必胜的黄文秀；带领中国女排重返世界之巅"铁榔头"教练郎平；"以身试药，向医而行"的"共和国勋章"获得者屠呦呦；在疫情防控期间，坚信人民和民族的利益高于一切，逆人群而上，争分夺秒与死神赛跑的医护人员……都是默默无闻坚守在中国各个岗位上的平凡而伟大的女性们。

　　不同的岗位，同样的担当。我们坚守在学校教学一线的女教师们也同样绽放精彩。你瞧：教室里，她们眉飞色舞，孩子们在她们的引导下书声琅琅；办公室里，她们认真备课、热烈讨论课程、细致批改作业；操场上，她们耐心安抚情绪低落的学生；而回到家里，她们陪伴孩子，辅佐老公，孝敬父母和公婆……她们有一个共同的名字：人民教师！她们忠于梦想，不染纤尘，以满腔赤诚和一生坚守诠释着对党和人民的忠诚！

乡村振兴看你我

中共聊城经济技术开发区纪检监察工委　周歆蔚

在开始今天的宣讲之前，我想先给大家分享一封感谢信："周书记，谢谢你。"我看到台下已经有朋友皱起了眉头、露出了疑惑的表情：这区区六个字没头没尾，还歪七扭八的，算是哪门子感谢信呢？但是，如果我告诉大家，这封信是一个在意外中失去了一只胳膊、另一只胳膊也只剩了三根手指的人写的，大家还会感觉奇怪吗？

这个人叫邓长银，曾经是蒋官屯街道办事处周庄村的贫困户。2021年，在党和国家各项扶贫惠农政策的帮扶支持下，周庄村贫困户全部脱贫摘帽，本该开始新奋斗、开启新生活的邓大哥，却因为自己残疾而怨天尤人、自暴自弃，不干活也不顾家，我甚至亲眼见过邓大哥从满是油污的灶台上翻出些长毛儿的馒头，巴拉两口干净的就扭头塞进等在他身边饿得哇哇大哭的儿子

的嘴里。朋友们，你能想象到一个才3岁的孩子蹲在地上吃着发霉的饭菜，甚至还满足地眯起了眼睛、开心地乐出了鼻涕泡儿的样子吗？那种感觉，真是让人又生气、又心痛。

但是，有一个人，他从来没有放弃过让每一位村民都依靠辛勤劳动过上好日子的探索，他就是周庄村的党支部书记周升华。他自掏腰包外出考察学习，一个个村落、一间间大棚，每一步都承载着他的思考；他废寝忘食谋划村级规划，一份份申请，一张张图纸，每一字都饱含着他的深情。功夫不负有心人，2020年3月19号，周庄村终于成立起了翠润观光农业合作社，建起了14个明亮整齐的钢结构大棚——那么谁来租？谁来种？升华书记最先想到的就是咱们刚才提到的那个天天就靠低保金熬日子的邓长银大哥。但事情远远没有那么顺利："你也看见了，俺就这烂手一只，说难听的看门去人家都不要，还种啥大棚？你快走吧，俺干不了，俺也没钱干！"升华书记第一次去邓大哥家就吃了个"闭门羹"。"没啥不能没骨气，再穷不能穷志气，干不了是吧？我让俺一家老小帮你干！没钱是吧？咱去信用社贷款，不好批我就给你担保，你还不上我就帮你还！长银，没有劳动就没有好日子，只要你一天不打起这个精气神儿，我就一天停不了脚儿！"升华书记站在门外的这一喊，喊出了一个村干部对村民最庄重的承诺，喊出了一个共产党员对人民群众最深切的关怀。

屈指西风几时来，不道流年暗中换，3年来，一次又一次的思想工作、一次又一次为争取更多扶贫政策而城镇村三点一线忙碌奔波，一次又一次的悉心关怀，一次又一次荒着自己的地到大棚帮贫困户指导技术、锄草种田，换来如今周庄村232亩的立体种植规模，单是甜瓜葡萄这些水果的收入每年就能达到70万元，还有9000多棵蟠桃树和苹果树，预计三年后能收入100多万。100万，这个数字说出来可能并不是特别的庞大，但对于周庄村的每一个村民来说，却是原来做梦都不敢想的生活。"光景越来越好，俺赶上了好时候，遇上了好干部，真的，谢谢！"邓大哥再也不嫌弃自己这只仅有三根手指的手，因为，他知道，在党乡村振兴政策的扶持下，在自己辛勤诚实的劳动中，残疾的手也可以充满一往无前的力量，也可以怀揣发家致富的希望，也可以实现幸福美好的中国梦想！

人间万事成自艰辛，越是美好的未来，越需要我们团结一心、付出艰辛努力。作为一名纪检监察干部，我平时接触过一些啃食群众利益的真实案例，更觉解决群众"急难愁盼"问题、为乡村振兴保驾护航的责任之重大、使命之光荣。2021年，在办理一宗涉及供销系统的案件时，因为反映问题多、涉及人员广、历史遗留时间长，加之供销单位管理松散、调取资料困难，被审查调查人社会经验丰富，案件办理过程十分艰难，经过了无数次的调取、无数次的对接、无数次的研判。那时候加班到深夜是常态。有时候，翻翻那比人头还高的材料、看看已经空无一人的机关走廊，想想根本没有时间陪伴成长的孩子，我却从未有过一丝的退缩与动摇。因为我知道，我所做的这些工作，都是为群众利益保驾护航的正义之事，所付出的努力，都是为实现纪检监察干部职责担当的神圣使命，这份热爱与赤诚，窗外的月亮会见证、群众满意的笑脸会见证、我稚嫩的孩子也会见证：老师问，你妈妈是做什么工作的？他骄傲地扬起小脸，说："老师，我妈妈是共产党员！"

做园丁我成长我幸福

聊城经济技术开发区第二实验小学　崔姗姗

"小时候，我以为你很神气，说上一句话也惊天动地。长大后我就成了你，才知道那间教室，放飞的是希望，守巢的总是你……"如今再听这首熟悉的歌曲，梦想早已照进了现实。

可8年前任教伊始，我就被接踵而至的困难打蒙了：清晰地记得我大学刚毕业便担任一年级的班主任，班里66名学生调皮捣蛋的不在少数，还有一个女生小冉尿裤子、撕本子……真是让我迷茫又无奈！

跟爸爸视频时提起此事，爸爸却对我说："妮，老师就是个良心活，一个孩子是一个家庭全部的希望，你可一定要用心教啊！"爸爸的话给了我振作的力量。我尝试先开一节主题班会，教育学生团结友爱，然后把小冉的座位安排到讲台边上，陪伴她改变、成长。一段时间后，她的妈妈打来电话说:"崔老师,孩子进步可真大啊……"听到孩子妈妈开心的笑声,我深深地领悟到,教育是爱的事业。

带着满满的爱,我在教学工作上不断努力创新,抓住每一次机会来提高自身素质。因为我深知,要给学生一杯水,自己就要有一桶水。经过不懈的努力,我的教育经验越来越丰富,家长们更是对我的工作越来越认可。夏天雨季来临,厕所离教室有些远,李茂程的妈妈给我们班送来十把雨伞让孩子们用,许子涵的妈妈新学了烘焙,赶紧做一个大蛋糕送来分给孩子们,蛋糕吃在孩子们的嘴里,却甜在我的心里:能被家长认可是多么幸福的一件事!

2017年我来到了实小北校,担任语文老师和班主任的同时还承担了大队辅导员一职。初担重任,我有些不知所措,少先队工作曾让我为难,如今却成为我的骄傲!每组织一次活动,每举办一次队会,都会耗费我大量的精力,但是我乐此不疲,因为孩子们的笑脸看得见,孩子们的成长看得见。

2019年,我的女儿出生了。从十月怀胎到一朝分娩,初为人母的喜悦还未退去,问题却出现了!她和别的孩子不一样!为了不耽误工作,每天由奶奶带着她去医院做康复,两个月的等待既漫长又煎熬,盯着孩子的基因检测结果——世界罕见病,我的大脑一片空白。走进教室看到一张张充满期待的稚嫩的脸庞,我再也忍不住了,在学生面前我像一个孩子掩面痛哭!!每天都要吃很苦的药,每晚都由孩子的爸爸给她注射生长激素……为了不耽误给学生们上课,女儿每半年一次的北京复查和拿药都安排到了寒暑假。女儿的每一个成长瞬间都让我记忆深刻,她就是教会我坚强的天使。没有她,也不会有今天的我。再累,有温暖的家可以停靠;再忙,有家人的爱在助跑!

2020年夏天,我的学生要毕业了,我翻遍了手机,保证45个学生都出现了照片上。我自费洗出来并在背面写上了对每一位学生的祝福。接到这份礼物,孩子们格外开心。我们拥抱在一起,笑着笑着眼泪不自觉地流了下来……毕业以后,他们不时在周末和节假日来我家看望我和女儿,我们一起分担中学的烦恼,一起回忆小学的甜蜜。

　　2021年6月，因肺炎引发器官衰竭，我女儿的生命永远定格在了两岁四个月。我瘫坐在重症监护室的门口，撕心裂肺的痛将我吞噬。简单处理完女儿的后事，学校领导让我不要挂着工作，好好在家休息调整。后来我对家人说："现在孩子的事情处理好了，我想去学校上班。如果我们的女儿看得到，她也一定希望我们坚强起来。"

　　选择了隐忍和坚强，带着奖状和礼物，我又重新回到了我热爱的三尺讲台……这次走进教室，学生们雀跃欢呼，再次紧紧拥抱了我……能被学生需要，又是多么幸福的一件事！

　　走过四年无比艰难的路，如今生活回到正轨，我的儿子也已经6个月了，他的到来点亮了我的生命，让我在工作中更有干劲儿。

　　"三寸粉笔，三尺讲台系国运；一颗丹心，一生秉烛铸民魂。"这是习近平总书记给教师的寄语。开发区优秀班主任、开发区最美教师等称号一直激励着我不断前进。去年我正式成为了一名中国共产党党员，这既是荣誉，更是鞭策。向下扎根，向上生长，小小三尺讲台，见证着我虽普通却不平凡的人生。在今后的教学工作中，我将继续努力，在园丁这条道路上，成长且幸福着！

老赖，别跑

聊城市中级人民法院　张文冰

　　今天想和大家分享一些我们身边的奋斗故事。大家请先看这张图片，这是一家饭店的快手账号截图。在他444位粉丝中，隐藏着我们的多名同事。我们悄悄关注它，并不是因为展示的视频有多么美味，而是因为这个博主是我们苦苦搜寻的老赖。

　　这件事要从法院办理的一例民间借贷案件说起，秦某向孙某借款4000元不还，法院判决后仍拒不偿还，在调解失败、拒接法院来电之后，秦某人也消失了，案件一度陷入僵局。正当大家一筹莫展时，冠县人民法院通过秦某发布的微信视频号，步步追踪发现了秦某的快手账号，法院干警悄悄关注，紧盯动态，终于在秦某100多条视频动态中的评论区发现了他在临近的市区开了一家饭店，执行干警立即出发对秦某实施拘传。当法院干警到达秦某门

店时，他正在门口迎接客人，见到突然出现的执行干警大惊失色，低着头说道："躲了这么久，没想到还是被法院找到了，我还钱。"经过说服教育，秦某当场缴清了剩余欠款。

有时，有的朋友会问，这样的身边事儿能亲眼看见就好啦。没问题！咱们开通了"聊执砺剑"直播品牌，现场直播，展现雷霆手段，弘扬攻坚精神，自开播以来，吸引了600多万名网民围观点赞。法官与网友实时互动，解答相关法律知识，我们不仅把执行现场送到了群众的手边，也把庭审送上了云端，智慧法庭，远程办案，线上线下，诉讼服务一体化。亚洲微电影艺术节上有我们的获奖电影《老侯别跑》，全国人大常委会报告上有我们拍卖被执行人尾号99999的手机号码的创新案例。

新时代有新使命，新形势下有新办法。奋斗在新征程上的法院人，以更灵活的方式维护申请执行人权益，以更有力的方式筑牢社会信用体系。

我身边的法官们就是这样一群有担当、勇进取的新时代赶路人，每一场直播，代表的是我们每一次凌晨5点的相聚。新时代的法官们，会利用指尖上的"微法庭"，用心审结千里之外的涉外离婚纠纷，也会成立"法护菜乡"工作室，为田间地头的瓜农菜农打官司，不仅送法进校园进社区，也邀请小朋友们来到法院模拟一次庭审当一回小法官。我们依法推动包括省内负债规模最大的泉林集团在内的23家公司实现成功重整，也设立了全国最美工会户外劳动者站点，为来来往往的户外劳动者们提供累了能歇脚、小病能医治、饭凉能加热的爱心服务大礼包。我们有一秒识破真假商标、维护知识产权的火眼金睛，有敢于扫黑除恶、动真碰硬的肩膀，更有着一副恪守正义、忠诚为民的肝胆心肠。

过去5年间，全市法院共办结案件近50万件，千千万万份卷宗从指尖翻过，手上的线索比头上的白发还要多，每一起案件背后都充满了爱恨情仇、利益纠葛，千千万万名当事人的权益诉求，揉成团，又缕成线，纠缠不清，但我们越是艰辛越向前。老百姓打官司图的是一个"理"，求的是一个

"快"，盼的是一个"公"，这就是法院人为之追求的中国梦。

习近平总书记说过，幸福都是奋斗出来的，千千万万普通人最伟大。话语铿锵、信心满怀，身为劳动者，也为劳动者办实事的我们，真美!

忠诚写大爱　护航新时代

阳谷县李台镇派出所　王照豫

　　他是你我身边最不起眼的人，菜市场里的他是不看称的菜贩子，高速口的他是忘打发票的收费员，校园里的他是不认识学生的老师……他也是你我身边最不可或缺的人，菜市场里他突然跃起，钳住了一双伸进别人口袋的黑手；校园里，他飞扑而下，按倒了一位专骗家长的背包客；高速匝道上，他和同事们一起将藏匿毒品的毒贩堵在车里。他就是阳谷县公安局党委委员、全国公安系统二级英雄模范，一个连名字都衷心希望社会和谐的警察：钟希和。

　　同事们却更愿意叫他"拼命三郎"。说他"拼命"，是因为他干起活来，不怕苦、不怕累、不怕死。2000年"五一"期间，在故意杀人案抓捕犯罪嫌疑人时，干警们遭到了极力反抗，面对着不断缩小的包围圈，嫌疑人将斧头挥舞得呼呼作响，恶狠狠地喊道："你们谁敢上来，咱们就一块死！"关键时刻，钟局第一个冲了上去，锋利的斧头擦着他的面门、胸脯，不停地朝他的要害砍去。凭借过硬的擒敌本领，他空手夺下嫌疑人手中的斧头，顺利将其抓获。

从警三十多年来，他的身上、腿上、背上爬满了一条条或长或短的伤疤，记录着他先后参与、组织、指挥侦破的"220无名尸案""107故意杀人案""424绑架杀人案""623杀人抛尸案"等一系列大案、命案、要案，每一件案子的背后都是一条条鲜活的生命，每一次抓捕都是惊心动魄的未知，每一次较量都是生死边缘的试探。强健的体魄、临危不乱的心理素质和知难而进、迎险而上的斗争精神，使他荣获"全省优秀青年民警"等30多个荣誉称号，并当选为2008年北京奥运会火炬手。

但工作突出的钟局却不是妻子眼里合格的丈夫、孩子心中合格的父亲。那是妻子出差将孩子托付给他的第二个夜晚，在家看娃的钟局接到举报电话，一名重大案件逃犯在阳谷城区出现。一边是熟睡的孩子，一边是要紧的工作，他毅然决然地把年仅5岁的孩子锁在家中，自己迅速组织干警前去抓捕。半夜，孩子醒了，望着身边空荡荡的被窝和窗外黑漆漆的夜色，孩子害怕极了，他先是小声啜泣，偌大的房间无人回应，啜泣变成了大哭。到哭渴了，孩子下床踮着脚去够桌上的暖壶倒水喝，小小的身躯和高高的桌子比起来，显得那样的无力，纤细的手指将暖壶一点点地向桌边拨弄。一寸、两寸、三寸，可他还只是个孩子呀，他瘦弱的胳膊又怎么能承受住满瓶热水的水壶？嘭的一声，暖壶直直地掉在地上炸裂开来，滚烫的开水浇了孩子一脚，痛得他放声大哭。孩子一直哭到力竭，才在又困又渴中沉沉睡去。凌晨5点将逃犯抓获并审讯完毕后的钟局，拖着满身的疲惫回到家，看到满脚血泡躺在玻璃碴子中间熟睡的孩子，再也抑制不住满心的愧疚。那个面对嫌疑人的刀锋枪口丝毫不惧的汉子，此刻脸上挂满了热泪。直到现在，孩子的腿上、脚上都留着不可修复的伤疤，再不能参军入警。

　　我也曾好奇地问过钟局，是什么让您几十年如一日，孜孜不倦地在如此危险且牺牲巨大的岗位上坚持工作的？钟局笑了笑，没有说话，而是将手机递给我，上面播放的是习近平总书记在会见全国公安系统英雄模范代表时的讲话："和平年代，公安队伍是一支牺牲最多、奉献最大的队伍，大家白加黑、五加二，没有节假日、休息日，几乎是时时在流血、天天有牺牲。"英雄模范身上体现的忠诚信念、担当精神、英雄气概，是中华民族伟大精神的真实写照。总书记的话语让我们每一名公安民警都倍感振奋，也增添了我们为党和人民牺牲一切的精神力量。

平淡且真实的幸福

聊城第十一中学　李佳

　　我是一名普通的人民教师，但同时也是一位幸福的军嫂。2010年，我从遥远的南方小城随军来到了咱们的江北水城，这一路走来，虽坎坷不断，却也幸福满满。

　　因为工作原因，在部队的他通常一星期或者一个月，甚至更久才能回家一次，无论是工作还是生活，遇到的所有困难我只能自己解决。初到聊城时，我在学校担任两个班的语文教学和班主任工作，作为独生子女的我来说，感觉任务十分艰巨，恐慌是不言而喻的，更不要说当时学校大部分学生是住校生，通常半个月或者更久才回家一次，有时孩子衣服坏了、生病了、想家了，都会来找我，刚开始我也手足无措；后来就跟着办公室的同事们学习，看见他们在办公室里常备着针线、酒精、体温计、药品等，我也备着；

再后来孩子们衣服破了我补，头发长了我剪，哪里摔了我来消毒。慢慢地，我这个班主任也做得得心应手，像模像样了。

再后来，遇到了她。她幼时母亲就因病去世，在她初二时，父亲也因车祸离开了，从那以后她终日情绪低落，不善言谈，更无法投入学习。于是我便和她聊天、谈心，做了好吃的也总想着给她带去，变天了提醒她添衣服……慢慢地，从她的眼睛里我又看见了光，陪伴中孩子慢慢改变了，学习也在不断进步，成功地被聊城二中录取。拿着录取通知书，她抱着我哭着说："老师，谢谢您，我做到了。"看着她哭红的双眼，我再次紧紧地抱住了她。而现在，她也成了一名光荣的人民教师。

用心地付出，孩子们也感受到了我的真心。我曾获得聊城市初中语文学科教学能手、聊城市初中语文骨干教师、东昌府区教坛新秀等荣誉称号。教师的使命就是担当、坚守、奉献，军嫂的使命就是承担和付出，一路奋斗，这才有了这份平淡且真实的幸福。

生活中遇到的难题多得数不胜数。有一次我发现自己身上长了一个小疙瘩，刚开始时不以为然。后来只要轻轻一碰，就会流血不止。去医院检查后，医生说："是个瘤子，先做个手术把它割下来，然后再做个病理看看是良性的还是恶性的。"说完便开了一个单子递给我，让我交钱办手续。想着医生说的话，看着手里的诊断单，我紧张又害怕：爱人远在威海出任务，告诉他怕影响他工作；父母远在四川，打去电话也只会让他们操心。我不断安慰自己："没事的，一定没事的，等病理结果出来后再说吧。"医生和护士看着始终独自一人的我，惊讶地问："你家人呢？"我强忍住泪水说："父母不在身边，爱人工作太忙，这些事，我一个人就行。"等做完手术回到病房，那不争气的眼泪夺眶而出，我躲到角落，号啕大哭。好在结果出来是良性的，我心里紧绷的弦终于松了下来。爱人结束任务回到驻地已是一个月以后了，当我轻描淡写地告诉他发生的一切时，从他的眼睛里能清楚地看见泪花在闪烁，他略带责备的语气说我不该瞒着他，他回不来，但至少可以陪我说说话。这时，我又想起了妈妈的话："军嫂，更多的是意味着牺牲和付出。"女儿出生后，家庭的负担更重了，因为没人帮着照顾，每天清晨天还未亮，我便抱着还未睡醒的女儿来到学校，将女儿放到办公室后进入班级开始早自习。我想对于他的工作，我能给予的最多的帮助就是让他安心工作，没有后顾之忧。2009年，他圆满完成了国庆阅兵；2017年，他荣立了个人三等功一次，多次被表彰为优秀共产党员。当丈夫将一个个奖章放到我手上时，我也会老套地想起那首"军功章里有你的一半，也有我的一半。"此时，所有的劳累都化作了幸福洋溢在我脸上、心里。

那一张张证明自己能力的证书、那一枚枚沉甸甸的奖章，是最真切、直观的幸福；每天早出晚归的我早早地工作，想着又完美地结束了一堂课的讲解、想着又点亮了一双迷茫的双眼、想着辛劳教育的孩子们，为社会的发展贡献自己的力量时，这不也是平淡且真实的幸福吗！我是人群中最平凡的一个，可不正是因为有了像我们这样一个又一个平凡的人，一天又一天默默无闻、踏踏实实地工作，才有了现在这样平淡且真实的幸福生活吗？

新的时代，不变的是我们肩上的责任，作为新时代的青年，事实告诉我们，幸福不会从天而降，坐而论道不如起而行之。只有奋斗，才能创造更好的生活、更真切的幸福。让我们为实现中华民族伟大复兴的中国梦，贡献青春的力量！

羊倌书记走出致富路

冠县烟庄街道办事处 宗书蕾

　　近日，在我们烟庄街道又开业了一个很不一样的夜市，叫穆德美食街夜市，每当夜幕降临，这里灯光斑斓，人流涌动，烟火气十足，灵芝羊肉、雪花羊肉、羊脂饼、麻辣羊头、麻辣羊蹄等众多特色美食热气腾腾，带给我们不一样的舌尖美味。说到这个夜市的诞生，羊倌书记李正伟功不可没。今天我就和大家聊一聊他的故事。

　　2004年，33岁的李书记已经成为北京市海淀区十几所高校的羊肉供应商，时年羊肉生意出奇地好，正当他准备扩建冷库，购置车辆，"专心做老板、坐地发羊财"的时候，烟庄街道党组织安排的一次谈话，让他的人生轨迹发生了改变。面对回乡担任村党支部书记的人生重大决策，他的心里直犯嘀咕：回村任职，就得放弃自己大好的生意，到底值不值？他想："15岁那年，因为家里穷，跟着村里的大人下煤窑，出苦力，就为了一天能挣5块钱。与其在外单打独斗自己富，不如带着大伙儿一块干，让全村乡亲都能拔掉穷根子，过上好日子。"于是，经过几个晚上激烈的思想斗争，他最终选择了转让客户、关闭公司，这种"自断后路"的做法，让烟庄街道领导竖起了大拇指，村里人也打心底里佩服他。

后十里铺村是远近闻名的养羊专业村，在外闯荡多年的李正伟知道这是最大的发展机遇，但是在乡村振兴的大背景下，村里人传统的养羊、卖羊模式已经明显制约了后十里铺村的发展，于是他坚定了兴办产业的信心和决心。经过与村"两委"班子认真调研、反复论证，最终作出了发展壮大肉羊养殖的决定，由党支部牵头领建养殖专业合作社。村"两委"干部带头外出学习、先行先试，创新推广高架养殖技术。当养殖户看到肉羊出栏量比传统养殖高很多时，纷纷自愿加入合作社，合作社免费提供技术指导和服务，现在"比着养、赛着养，谁家羊多谁本事大"在这个村已经成为一大共识。

养殖规模上去了，宰杀量自然提升了。传统的屠宰方式很容易污染环境，也引发了一些问题。"街头血水流，苍蝇乱碰头，味道直冲天，街人捂鼻走"曾一度成为这个村子的真实写照，主管部门"亮红牌"，对蓬勃兴起的"羊产业"造成了重创。李正伟说："不搬掉环境污染这个'拦路虎'，'羊产业'很难做大做强。"于是，他想到了建设屠宰场，实行集中宰杀、统一预冷并集中处理污水。但是，村里的经营大户并不买账，因为他们已经投入数百万元建设了冷库，买了宰杀设备，突然让他们停宰，等同于断了财路。李正伟与他们座谈，跟大家算了三笔账：一是"生态账"。环保是大势所趋，小宰杀非停不可。只有统一宰杀、统一处理污水，环境达标了才可以继续经营。二是"经济账"。个人宰杀一只羊，有经验的需要20分钟，而屠宰线1分钟就能宰杀8只，效率高、成本低。三是"品牌账"。没有品牌只能做家门口的生意，要想使产品走进大城市的商超，规模化、标准化的统一宰杀无疑是一块"金字招牌"。李正伟一番话把理儿拉明白了，大伙儿的心气

儿也就顺了。2017年，村里创办冠县穆德实业公司，建设了年屠宰量80万只的现代化屠宰线、日处理1000吨的污水处理厂以及大型冷库，最大限度地减少各类污染。

如何把"穆德"品牌打造成产品质量高、社会信誉度高、市场知名度高的"三高"品牌？李正伟决心从有机安全健康养羊入手。他看准了国药第一品牌"同仁堂"，挖空心思找上门，与之签订合同，共同研制中药生态饲料，提高肉羊的免疫力。李正伟把这种不使用抗生素和添加剂，只喂中药生态饲料的羊叫做"药膳羊"。"药膳羊"在市场上一炮而红后，不满足于现状的李正伟又有了一个更大胆的想法：靠特殊饲料和饲养技术，培育出可与日本雪花牛肉相匹敌的雪花羊肉，打造高端羊肉品牌。

李正伟说："农村党支部虽小，但同样是代表党的一面旗帜。接过了这面旗帜，就意味着要担起这份责任，不能给党旗抹黑，不能给党组织丢脸。今后，我将继续俯下身子，真抓实干，带领更多的乡亲发家致富，为乡村振兴贡献力量。"

以羊当先、因羊而兴。在乡村振兴的道路上，李书记带领着后十里铺村甩掉了贫困的帽子，实现了从"一盘散沙"到"坚强堡垒"的华丽转身。相信我们后十里铺村在这条"喜洋洋"的康庄大道上会越走越远，再创辉煌。

兔子村的兔年梦想

茌平区乐平铺镇乐嘉新村　郭波

2023年是兔年，所以我来给大家讲一个我们茌平兔子村的故事。

过年回老家的时候，我们村里好多人的微信上收到的拜年信息都是"祝兔子村兔年大展宏图"，还有人直接祝兔子村'本命年'快乐。我们村党支部书记高华金笑呵呵地跟大家说："你们还别说，今年咱们村确实得再上一个台阶。"

我的老家肖家庄镇的小高村曾经是个有名的贫困村，地处黄河故道，三面环沙，土地瘠薄，种植单一，村民世世代代土里刨食靠天收成。高书记说，那时真的很难，大家都想挣快钱脱贫致富，可是苦于没有好的致富项目，富不起来留不住人，村里的年轻人只好都去外乡打工。

2016年，我们茌平区财政局深入开展"抓党建促扶贫"工作，与小高村

结成了帮扶对子。驻村工作组计划通过养兔技术让这个村脱贫致富，可面对新的养殖技术，村民没几个人想学，村干部说破了嘴也没几个人相信。有谁会把自己来年的命运托付给这不熟悉的"兔儿经"？于是，工作组邀请"养兔能人"山东省汇富农牧有限公司总经理韩守岭到村里建企业养兔子，建起了标准化的肉兔养殖场。为了提高贫困户的养殖技术，驻村工作组还与企业协商，为村民提供免费的养兔技术培训，而且村民还可以通过'富民农户贷'贷款5万元入股企业，每人每年可分红3000元。不仅如此，镇政府还帮贫困户在家里盖兔舍，由企业提供技术、种兔和饲料，贫困户负责代养，养好后企业再花钱回收兔子。

村民韩秀军就是一名"兔管家"。韩秀军肢体二级残疾，过去她只能在家里做手工零活，一天只能挣10元钱。如今，她一年能养七八窝兔子，净赚万余元。养兔的成功为她带来了生活的信心。韩秀军成立了合作社，通过电商平台将村民们种的大枣、蔬菜，以及手工制作的兔毛笔等销往全国各地。收租金、挣薪金、分股金，兔产业带动了百余名村民增收致富。

2017年，小高村摘下了省级贫困村的"帽子"。如今，整个小高村里的兔养殖企业能够年产80万只商品兔。村支书高化金自豪地说："俺们村里干得好的一年挣了20多万呢。说起来咱中国人的餐桌上吃的可都是俺们村的兔子。"这说法可能有点夸张，但从他自豪的眼神中，我看到了摆脱贫困的幸福。如今越来越多的村民加入养兔子的行列，回乡创业的人也越来越多了。"农村绝不能成为荒芜的农村、留守的农村、记忆中的故园。"这句话在这里有了鲜活的注解，也是我这几年回老家最深刻的印象。

2018年，为顺应时代变革、推动农业转型升级，村里又建起了中国兔文化博览馆，这是一座兔形建筑，外墙雪白，位于高处的圆形窗户有一圈红色外沿，好似兔子眼睛，建筑最上方还有两只总重达25吨的"长耳朵"。博览馆建筑面积3000余平方米，设有兔子赛道、兔形迷宫等互动体验项目，其中拔草喂兔子活动最受小朋友欢迎。2022年，博览馆成为聊城市科普教育基地，接待游客5万余人，小高村村集体收入又增加了30多万元。

摆脱贫困是命运的转折，而乡村振兴则是幸福的起点。如今兔文化博物馆两旁绿树郁郁葱葱，鲜花缤纷绽放，清新空气让人心旷神怡。这些看得见摸得着的幸福感，让村民美在心头。我们村支书高化金说："接下来我们准备发展农家乐、采摘园，还有即食兔产品，俺们'兔子村'一定会更加红红火火！"

这几年来，我见证了我们小高村发展的故事，见证了这个小乡村的大变迁。小小的乡村迸发了炽热的能量，也让我们看到乡村振兴的画卷越来越美丽。

中国青年追光而行

东昌府区张炉集镇人民政府　李莹

　　"如果黑暗中没有光，你会成为光吗？"这是大学毕业典礼上老师问我们的一句话，当时的我不假思索地说："当然，我会成为最亮的那束光。"参加工作将近6年，我没有成为最亮的那束光，但是我依然追随着光。

　　阳春三月，正值农时，聊城市高唐县600多个自然村的大地上，处处都能看见杜立芝和她带领的农技队伍的身影。今年倒春寒来得猛烈，麦苗容易遭受冻害，导致减产甚至绝收，但是在高唐，农户们却完全不担心，"有杜站长在呢，我们怕啥，有什么问题找杜站长就行！"

　　"杜站长"究竟是谁？她怎么有这么大的本事？

　　杜立芝，现任高唐县农业农村局四级调研员、高级农艺师，"杜立芝党代表工作室"学雷锋志愿服务团队队长、杜立芝科技服务团队队长，还是党的十八大、十九大、二十大的代表。前不久，山东省委宣传部授予杜立芝"齐鲁时代楷模"称号。

"在我们高唐，田地里的庄稼有什么问题，都习惯第一时间找杜站长，只要她来了，我们就心安了。"2022年7月，高唐连降大雨。梁村镇琉璃庙村玉米地排水条件差，400多亩玉米苗因高温长势不好，眼看就要绝产。该村党支部书记卢风劲打来电话，邀请杜立芝过去看看。"那天特别热，最高到39摄氏度，连村民都不愿意下地，而杜站长一直在地里查看情况，衣服都被汗水湿透了，最后她提出要少施勤施尿素，搭配施用叶面肥，能够挽回损失。"说起那天的事，卢风劲仍然感动不已。按照杜立芝的办法管理的土地，每亩收成550多公斤，比放弃管理的地块多收300多公斤，全村共挽回了几十万元的损失。

"我亲眼看到过老百姓因庄稼减产而痛苦的样子，汉子们坐在地头掉泪，妇女们难受得寻死觅活，我心里像被大锤夯了一样，堵得难受。我必须精心学习，用心给他们解决生产难题，让庄稼增加产量，让老百姓过得好一些。只要老百姓需要，我就会第一时间出现在他们面前，乡亲们就是我的家人，田间地头就是我的办公室，我要把科研论文写在大地上。"杜立芝是这样说的，也是这样做的。38年来，她不是在农田里，就是在去农田的路上。骑坏的2辆摩托车、3辆自行车，见证了她这些年来的辛勤付出。她的手机24小时开机，每年接听电话6000多个，"问不倒的杜站长"解决了农民群众千万个急难愁盼。

杜立芝是万千基层工作者的真实缩影，千万个闪光的瞬间，聚成火把点燃半边天。她散发着炙热的光，也是我作为一名基层工作者一直追寻的方向。当我站在这里为大家演讲的时候，我的同事们，或许正在贫困户家中嘘寒问暖，或许正在细雨中开展人居环境整治，我们都在各自的岗位上散发着微光，每一缕奋力燃烧的微光便会汇聚成为服务群众最强劲的力量。你看，我们这些追光者的缕缕微光，真的能让这座小城闪闪发光！

　　中国青年，追光而行，"小我"在"为大家"中重塑、丰盈、建功！如果问我：注定是要成为难以被看见的光，你还愿意吗？我会坚定地告诉你，我依然愿意。身处伟大时代，需要向榜样学习，汲取奋进力量；身处齐鲁大地，需要向楷模看齐，淬炼奉献情怀。

妯娌情

临清市永青实验学校　唐越

　　请大家先看我手中的这张图片，这个瘦弱的普普通通的妇女，名叫孟献双，她是我的表姑，也是2024年第一季度"中国好人"。今天，我和大家讲讲表姑的故事。

　　表姑是临清市金郝庄镇金东村的一位普通村民，2016年，表姑的大伯哥患上癌症，不幸去世，留下一个无儿无女、年近八旬的婆家嫂子。嫂子曾经遭遇车祸，双腿残疾，又因视网膜脱落，患有严重眼疾。

　　婆家嫂子没儿没女，孤苦伶仃，以后怎么生存呢？面对嫂子这样的遭遇，我的表姑说："嫂子，跟我们过吧，我来养活你！"

　　其实表姑家也不富裕，上有年迈的母亲，下有两个未成年的孩子，家里生活仅靠丈夫做木工打家具来维持。但为了那句"我来养活你"的承诺，表

姑毅然决然地承担起了照顾嫂子的重担！这一照顾就是八年。

嫂子年龄大了，牙口不好，每次做饭，表姑就把饭做得软烂一些，嫂子吃得慢，表姑就放炉子上多温几次。一天三顿饭，一年三百六十五天，每顿饭，表姑都是一勺一勺喂给嫂子，一顿饭常常要吃上大半个小时，一顿饭过去，表姑累得胳膊都抬不起来。

嫂子在一次车祸后右腿骨折，久治不愈，长年卧床。由于担心嫂子身患褥疮，表姑坚持每天夜里定时给嫂子翻身，刚开始那几年表姑还需要定闹钟！到了后来就形成了生物钟，到点就醒。就这样，八年来表姑从没睡过一次安稳觉！为了帮嫂子缓解身体的疼痛，表姑通过电视、手机，慢慢摸索学习了一套按摩手法，每天收拾好家务后，表姑一边陪着嫂子聊家常，一边耐心地为她按摩放松，妯娌两人相亲相爱的画面成为村中一道暖心的风景。

嫂子年迈多病，经常大小便失禁，不是弄满裤子，就是弄脏床单被褥，满屋子散发着难闻的气味，这情这景，令人作呕。但表姑从来没有嫌弃，每一次，她都是精心为嫂子擦净身体，把脏兮兮的裤子被褥洗得干干净净。嫂子身患多种疾病，每次患病，表姑都带着她，寻西医，看中医，找偏方，从不放弃。嫂子多次握着表姑的手哽咽地说："小双，我真不知道离了你该怎么活。"

屋漏偏逢连夜雨，2019年，表姑的母亲突发急病，卧床不起，照顾两位病人的重担同时压到她的身上。那一年，无论寒冬酷暑还是风霜雨雪，表姑每天骑着电动车往返在婆家和娘家，一边贴心照顾生病的母亲，一边倾心相助患重疾的嫂子，虽然劳累辛苦，但表姑从没有过半句怨言。

就这样，从穿衣吃饭、按摩锻炼到端屎端尿，她日复一日、年复一年，精心照顾婆家嫂子八年，用平凡举动彰显人间大爱。

2023年，表姑获评"山东好人"。面对记者的采访，表姑说："我只是一个普通的农村家庭妇女，给我这么高的荣誉，我感觉很不好意思，我只是做了自己应该做的事。长嫂如母，我只想尽心尽力地照顾好我的老嫂子，让她好好活着。"表姑的事迹深深感动了周边群众,街坊邻里亲切地称她"菩萨弟媳"。今年4月18日,表姑又被评为2024年第一季度"中国好人"。

表姑无私奉献、勇担责任的美德无形中熏陶了后辈,表姑的儿女们从小独立懂事,品学兼优,我也在表姑的影响下成为一名教师,为祖国的教育事业奉献一份力量。

家是最小国,国是千万家。习近平总书记指出:"家庭是社会的基本细胞,是人生的第一所学校,不论时代发生多大变化,不论生活格局发生多大变化,我们都要重视家庭建设,注重家庭、注重家教、注重家风"。

家风纯正,雨润万物;家风蔚然,国风浩荡。无数平凡的家庭化作榜样的力量,爱国爱家、无私奉献、勇担责任、向上向善的社会主义家庭文明新风尚在全社会蔚然成风,汇集起实现中华民族伟大复兴中国梦的磅礴力量!

把法讲给孩子听

阳谷县检察院　郑珂新

　　2023年6月1日儿童节那天，刚刚大学毕业的我，怀着对"检察蓝"的憧憬与向往，加入阳谷检察的大家庭。穿上检服，戴上检徽，看着窗外飘扬的五星红旗，"立检为公，执法为民"的誓言在我耳边回荡，年少的梦想在此刻照进现实。那一刻，我解锁了人生的新身份，也收获了属于自己的使命与担当。我期待着自己也能像电视剧里的检察官一样，在法庭上说出那句"我以国家公诉人身份，出席法庭，支持公诉"。可是从检一年里，我说得最多的却是："亲爱的同学们，大家好！我是可心姐姐。我们今天这堂课的主题是：远离校园欺凌，拥抱美好未来。"几乎有一半的时间我都在做一件事情，那就是法治宣传。时间越久我就越纳闷儿，我明明学的是法学，为什么要做宣传？难道对检察官来说最重要的不是指控犯罪，打击罪恶吗？带着疑惑我开始了自己的检察工作。

那是我工作后办理的第一起案件，我至今都记忆犹新。嫌疑人王某，是辖区某中学的高三学生，他原本成绩很好，前途一片光明。然而，由于哥们义气和一时的冲动，他参与了一起聚众斗殴案。公安机关将案件移送至我们检察院后。经过详细的审查，我们发现王某的犯罪情节相对较轻，并且他学习成绩优异，在学校一贯表现良好。在和他面对面交谈时，他痛哭流涕，忏悔不已，说："检察官姐姐，我真的错了，当时只是为了给朋友帮忙，如果不是这个事情我也不会受伤，原本我可以考上一个好大学的。"

看到王某的真心悔过，我们决定结合他的犯罪情节、一贯表现和社会调查情况，依法对他作出附条件不起诉的决定。在接下来的八个月里，我们对他进行了考察帮教，最终决定对他不起诉。当他拿着不起诉决定书时，脸上露出了开心的笑容。那一刻，我深深地感受到，能够挽救一个未成年人，让他重新回归社会，远比将他送上法庭、指控犯罪更加有意义。

然而，不是每一个孩子都能像王某一样幸运，可以有重来一次的机会。就在今年3月，河北省邯郸市发生了一起未成年人故意杀人案件，3名初中生霸凌同班同学并将其残忍杀害。得知这一消息的我，立即想起了寿张镇小学的孩子们。因为特别的缘分，我成了该校的法治副校长。寿张小学地处乡村，学校的绝大多数学生都是留守儿童，跟随爷爷奶奶生活，与河北出事的孩子家庭状况相似。想到这些，我再也坐不住了。开始准备课件、收集资料、策划方案，计划着抓紧和孩子们见面。记得那是一个阳光明媚的上午，我通过讲故事的形式，和孩子们分享了校园暴力相关的法律知识。呼吁大家不要当残忍的施暴者，不当沉默的被害者，更不要当冷漠的旁观者，要当勇敢的保护者，携起手来一起抵制校园暴力。在活动的最后，考虑到学校留守儿童居多，我给每个孩子都发放了一张便利贴让孩子们给自己的爸爸妈妈写一段话。我无意中看到一个小女孩写下了这样一段话："爸爸妈妈，你们再也不用担心我在学校里会受欺负了，今天可心姐姐已经教会我该如何保护自

己了。我长大以后也想当一名检察官，成为像可心姐姐一样的人。"看到这段话，我的心情久久不能平复。我想，如果在河北被杀害的小男孩受到欺负时，有个声音告诉他"孩子别害怕，不要选择沉默，勇敢地把自己受到的伤害告诉老师和家长"，或许他现在还是那个帮奶奶卖苹果的懂事小男孩。如果在那3名初中生欺负同学时，有个声音告诉他们"未成年人犯罪也是要付出法律代价的"，或许14岁和杀人永远都不会联系在一起。我这才深刻地领悟到"预防大于惩治"这句话的真正含义，也终于明白做好普法宣传是多么的重要！

党的二十大报告指出，全面依法治国要提高全民族法治素养和道德素质。一个检察官除了在公诉席上指控犯罪以外，传播法治的声音，让它穿越时间，抵达犯罪前面更是我们义不容辞的责任。因为这声音，可以让孩子们知道哪里是法律的禁区，可以让他们在犯错前及时地悬崖勒马，更可以让法律成为每个孩子值得信赖的伙伴、朋友，而不是最后一根救命稻草。

在过去的一年里，我和我的同事们一起创建了"锄禾工作室"，打通与学生的"最后一公里"，走进全县30余所学校，为4万余名学生带去法治教育。"道阻且长，行则将至，行而不辍，则未来可期。"我将继续走进更多的学校，让法治的声音传播到更多孩子的心里。我是一名公诉人，也是法律的守夜人，为法治发声，我还在继续。

我回家乡当助理

阳谷县十五里园镇　程会爽

　　大家了解过村支书助理这一职位吗？我就是曾担任过这一职位的小程助理。那么，我是怎么走上这一岗位的呢？

　　2020年，我大四，面临最重要的就业选择，在那时，我是很想去大城市发展的。但在当年的5月17日，一档特别的节目、一个特别的人，改变了我的想法。那一天，黄文秀获颁"感动中国"2019年度人物，她本有很多选择，但始终坚守初心，回归家乡，建设家乡，最终将生命奉献给了家乡。

　　就这样，2020年底，我果断报名选调生，在2021年7月，回到了我的家乡阳谷，成为十五里园镇的一名选调生，担任昌盛新村村支书助理的职务。

　　我所工作的昌盛新村位于阳谷县城南13公里，在阳张路北，全村有1015户村民，人口3548人，但是在村常住人口数不足三分之一，而且还多为老人

和孩子。村集体收入不足10万元，这真实地反映了这里的经济水平。

在我刚到昌盛新村之时，了解到村里有樱桃种植基础，种植面积约230亩，主要种植红灯、美早两个品种，那时候，由于缺乏技术指导，樱桃产量较低，种植面积小，没规模，销路也不太多，村民们很是头疼，我便想着在樱桃种植方面下下功夫。

最初我的想法是先动员更多村民加入樱桃种植队伍，扩大种植面积，再邀请技术指导统一培训。可敲了30户大门，讲清来意后，大多数人直接拒绝，少数人说考虑考虑给我回复。我左等右等没有结果，便找到村里的述典大哥，大哥对我说了这么一句话："程助理，俺不是不想种，是不敢种，你一个娃娃兵，能有多少经验？"

听完这句话，我在原地愣了很久，是啊，我一个娃娃兵，能有多少经验，凭什么让村民无条件信任我？我下定决心，一定要先摸索出成功经验，给村民吃个定心丸。

说干就干！我和村党支部书记辗转多地学习，从泰安邀请来技术指导姜师傅和张师傅现场指导，之后村里引进了新的樱桃品种布鲁克斯和萨米脱，把部分露天樱桃改造成温室大棚。这一下，村里的樱桃不仅产量提高到亩产1200公斤，还"抢鲜"进入市场。有了量，我们就多方联系北京、菏泽、烟台、宿迁等地的客商前来采购。

看到收成好，越来越多的村民加入了樱桃种植队伍，村里新增13户种植大户，种植面积达600余亩，村集体收入翻了一番，返乡创业的年轻人也多了起来。

乡村要致富还有一条很重要的路，那就是流转土地。计划虽好，可土地是老百姓千百年来的命根子，在我们村就有一户刘大哥始终坚持要自己耕种田地，可种粮大户机械化作业，单独留这么一块"飞地"也不行。我和村党支部书记轮流上门去讲政策、摆事实、谈道理也毫无进展。最终我想到这么一个方案："大哥，您看这样行不行，我在计划流转的土地外找一块同等面积的土地和您置换，这样您方便，咱村里也方便。"听完这个方案，刘大哥算是同意了。这几年，昌盛新村总共流转了563.8亩土地给种粮大户，既避免了土地闲置，又增加了村集体收入。流转土地的村民不种地了，从事第二、第三产业，收入连年增加；种粮大户规模化种植，亩产提高，实现了"双赢"。

作为村支书助理，不仅要"暖村"还要"暖心"。在我们村，进村需要经过一座桥，有一次加班回家晚，我远远地看到，村里部分晚班工人回村，由于进村道路没路灯，他们小心翼翼过桥的场景，很是危险。第二天，我就多方争取资金，最终在村口安上了路灯。村里的玄大娘后来拉住我说："闺女啊，你真是给村里干实事的人，俺儿下晚班我经常提心吊胆睡不着觉，这回俺可放心了。"

几年时间，经过一件件真心换真情的事，一次次脚沾泥土的行动，村民们对我的看法已经不再是"娃娃兵"，而是一名真正的村干部。

现在的我，虽然已经离开昌盛新村的岗位，成为一名乡镇妇联主席，但我心中对自己的定位始终没变，那就是村民们的程助理。只不过服务的范围更广了，身上的担子更重了，心中的牵挂也越来越多了。

选调之路，是责任更是担当，我相信，未来一定会有越来越多的青年人，会回归到生养我们的家乡，回到我们驻守的乡村，为乡村振兴事业而接续奋斗！

从警路上的"味道"

临清市公安局　张晓雪

2010年7月，刚刚从山东警察学院刑事科学技术专业毕业的我，怀揣着对藏蓝警服的向往，踌躇满志地迈进了临清市公安局的大门。可是刚一进门，就被兜头泼了一盆冷水！

"干我们这行，就得熬得住累、吃得了苦，小姑娘，你能抗得住吗？"只见检测台后面，坐着一位两鬓斑白、戴着一副厚厚镜片的老民警。他抬头看到我，脸上浮现出一抹疑惑的神情，皱着眉头对我说出这句话。

这句话深深刺痛了我，潜意识里激发出我的斗志。更让我在今后工作中，逐渐读懂了它背后的深意。

这张照片，是2016年8月勘查一起倾倒危险化学废弃物案件的现场。我们在工作中发现，辖区一个小河沟内，有大量不明废渣，散发着刺鼻的恶臭。经检测，提取物pH值小于2，属于强酸。局党委高度重视，立即成立专案组，全力侦破这起环境污染案。我作为唯一一名技术民警，全程配合现场勘验工作。在对现场周边3公里内的监控视频进行海量分析后，一辆河北籍可疑大货车进入我们的视线。可是，嫌疑车辆车主刘某到案后，却矢口否认曾经倾倒过化学废料。

只有铁的证据，才能撬开他的口。我和同事一起来到嫌疑车辆前进行勘验，可当我爬上两米高的梯子，望向车厢时，眼前的一幕让我的心凉了半截儿。只见车厢已经被冲刷得一干二净，只留下未干的水迹在阳光下泛着光。

"把勘验箱递给我，我就不信找不出证据！"我带上帽子、口罩、手套、鞋套，背上照相机，爬进了车厢，趴在车上一寸一寸地搜寻，不放过任何一个角落。当时货车露天停放，体感温度接近40℃，头顶着烈日，整场勘验3个多小时下来，我身上穿的警服湿了干，干了又湿，汗水顺着脸颊流进嘴里，是那种透着苦和干涩的咸味儿！

终于，在车厢后栏板的缝隙里，我发现了可疑残留物，经检验，和案发现场提取物成分相同。

在铁证面前，刘某如实交代了倾倒危险废弃物的犯罪事实。根据他的供述，民警顺藤摸瓜，一举将化工厂老板等其他5名犯罪嫌疑人抓获。被倾倒的危险化学废品也移交环保部门，进行无害化处理。

这袋大白兔奶糖，是我这辈子吃到过最甜的糖了。

2023年4月的一天，我市某村发生了一起盗窃案件，村民潘大爷家中的7只黑头杜泊羊被盗，价值一万多块钱。我和办案民警到达现场，潘大爷抹着眼泪抓着我们的手说："俺就指望着羊涨涨斤称，卖了钱给老伴儿看病呢。你说羊丢了，这不是要了俺的命了吗？"

听到大爷的话，我的内心一阵酸楚，立即展开现场勘查。

由于案发当天是雨后，羊圈内外一片泥泞，顾不上满地的泥巴和羊粪，我和同事们在羊圈里仔细地查看，果然发现了一枚新鲜的鞋印，进一步对

外围现场勘查，在附近的农田中发现了同样的鞋印，而且旁边还有一串羊蹄印。就这样，我们沿着印记向外追出了3500米，羊蹄印在邻村汪某家附近消失。

我们随即进入汪某家，一双带有泥巴的运动鞋引起了我和办案民警的注意。我立刻将该鞋印和在潘大爷家中发现的嫌疑鞋印进行比对，大小、纹线、细节特征完全吻合。这双鞋正是汪某的，在证据面前，他如实交代了犯罪事实。

潘大爷的7只羊，顺利找回！

不久后的一天，同事在楼上喊我："晓雪，有个大爷捧着一包奶糖，在门口等你半天了！"我回头一看，潘大爷兴冲冲地朝我走来，"哎呀，闺女，俺来报喜来！你帮俺找回的那头母羊下崽儿了，快吃块儿糖甜甜嘴！"说着，潘大爷剥了块糖递到了我的手里。

这糖，真是吃到嘴里，甜到了心里！

也许，你会问，工作中有没有最难忍受的事情？有，最难忍受的恐怕是气味儿。

有一年，正值严冬，我市某村发生一起死亡案件。尸体被锯末填埋后，又用玉米秸秆覆盖，已经高度腐败，现场散发着浓烈的恶臭，是两层口罩都挡不住的味道。在难耐的臭味中，我和同事一起挖掘、拍照、检验尸体……

我们小心翼翼地收集着现场周边的物证，在一步一步抽丝剥茧中，凶手逐渐浮出水面。但是据嫌疑人供述，凶器和死者的手机卡、身份证被丢进了化粪池中。

又一波臭味袭来！为了打捞物证，我和队长举着用笊篱和木棍做的简易打捞工具，钻进那又窄又小的茅厕，两个人互相配合着，对着化粪池一勺一勺地打捞过滤，整整2个小时，终于所有物证都被找到。我和战友用实际行动，践行着"让死者'发声'，为生者'维权'"的承诺。

在人生有限的岁月里，既然决定不了生命的长度，但我们可以控制生命的宽度！从警14年，我累计参与各种现场勘验1500余次，尸检40多具，协助破获各类刑事案件648起，协助抓获犯罪嫌疑人近千人。这些用汗水浇灌的数字，早已把我的人生夯实在刑事技术这个工作岗位上。

我是警察，警服让我战胜恐惧，给予我力量；我是警察，警徽给我指明方向，让我步履铿锵。我和我的战友背抵黑暗，守护着公平正义的阳光，在护航中国式现代化伟大征程中，永做党和人民的忠诚卫士！

挂在心间的"小药箱"

东昌府区妇幼保健院　马洪丽

　　如果文物会说话，这个陈列在孔繁森同志纪念馆的国家一级文物小药箱，它想说的故事是一段长达十年，两次入藏，坚守雪域高原的守护情缘。小药箱是孔繁森同志在藏期间每次下乡都会随身携带的物件，里面装满了书记自掏腰包购买的各种各样的常用药品，他一路工作一路为缺医少药的牧民们诊疗疾病，药箱空了就填满，"会看病的大本布啦（干部）"成了孔繁森的另一个名字。这个小药箱，它见证了一名共产党员对人民健康的深切关怀，用实际行动让藏族同胞感受到党的深情厚谊，也让更多的群众认识到健康的重要性。孔繁森用生命践行了自己最喜爱的那句话"一个人爱的最高境界是爱别人，一个共产党员爱的最高境界是爱人民"。

　　讲述小药箱的故事不只是怀念而是在传承，在医疗战线上，我也看到了越来越多的"小药箱",它的拥有者有援疆援藏的医务人员,有逆行而上的抗疫志愿者,有扎根乡村几十年的乡村医生,还有我的母亲,她是从医40年的妇产科医生,也是一名实实在在的"万婴之母"。母亲对我的教育就是言传身教,从小我就看着母亲对工作的执着,对患者的关切和挂念,她的执着坚守也让我明白"只要心里想着别人,做些凡人善举,孔繁森的小药箱就永远挂在我们心间"。

2012年,我如愿以偿地成为一名妇幼保健院的护理工作者,我以无尽的热情和爱心投入工作中。

去年,我接诊了一个小男孩,他叫可乐。

小家伙长得机灵极了,大眼睛忽闪忽闪的,紧张地躲在妈妈身后,起初我认为他和其他孩子一样只是恐惧打针,害怕白大褂阿姨,我便上前与他说话:"你是叫小可乐吗?"谁知,4岁的他用尽全身力量一般一把将我推倒在地,嘴巴里还高声哇哇地说着我听不懂的话,情绪非常激动。可乐妈妈连忙把我扶起:"护士,对不起,对不起,可乐他有自闭症,他害怕新的环境和陌生的人。"

大家知道吗?自闭症又称为孤独症,他们还有一个浪漫的名字"星星的孩子",这是一种神经系统失调导致的发育障碍。

我蹲下来将孩子轻轻拥入怀内:"我们一起玩游戏好吗?"我们把输液器和有颜色的管道比喻成拼积木,就这样一边游戏一边操作,可乐顺利地扎上了针,用上了麻醉药物,在美梦中完成了3个小时的治疗,手术结束后,我们将生命体征平稳的可乐抱至恢复室,第一时间将他妈妈喊了进来,妈妈红着眼眶说:"谢谢你们,谢谢。"每一个拥有星星的家庭都不容易,家长害怕社会不接受这些孩子,排斥他们,这样家长经常处于防备状态,时间一长很容易精神崩溃,可乐妈妈说她为自己设下了一个小目标——多一天。

"我只需要比孩子多活一天就好。"

这段经历只是我职业生涯中的一个缩影,但它却让我深刻地认识到,老

百姓对于医学的需求已经不仅是生命的长度，还有生命的温度。作为医务工作者，我们要用心倾听、用爱陪伴、用技术去治愈。社会的大家，我们的小家，组成这个有爱的国家。

习近平总书记指出，妇女儿童健康是全民健康的基石，提高妇女儿童健康水平是我们工作的重点。我在深耕专业的同时，也承担了健康传播的工作，线下义诊讲课，每年服务6000多个家庭。随着新媒体时代的全面到来，单靠线下服务已经不能满足人民群众的求知需求，于是我带领科室团队成立了"东昌妇幼女性关爱微信群"，服务近千名女性，同时开设了"马小护"自媒体平台，上传健康科普作品近百部，用新思想、新方式为人民群众的健康保驾护航。

一代人有一代人的梦想，一代人有一代人的使命。孔繁森书记把他的青春，他的热血，他的爱，他的一切都奉献给了西藏，留给了我们"一切为了人民"的"小药箱精神"。我们要将这种精神进行传承，不断去满足人民群众的新期待、新需求，以改善每一个"小切口"来撬动"大民生"。我相信，只要将小药箱的精神时刻挂在心间，我们每个人都可以成为孔繁森式的好党员、好干部。

一顶来自世界屋脊的"礼帽"

孔繁森精神教学基地　孔祥雷

　　请看图片，现在我们看到的是陈列在孔繁森同志纪念馆内的一顶礼帽。这是孔繁森同志生前最常佩戴的一顶帽子，是他身边除了拐杖和小药箱之外的第三件宝贝。拐杖用来支撑他那条膝关节已病变的腿，而他的药箱里长期准备着给西藏百姓的常用药品，那么这顶礼帽又是做什么用的呢？

　　1988年，44岁的孔繁森二度援藏，人们发现此时他的头上多了一顶礼帽，这顶帽子戴在高大魁梧的孔繁森头上，更显得他气宇轩昂，但只有熟悉他的人才知道，这是他避风的装备，而它遮住的是一位人民公仆身体的伤痛与疲惫。

　　西藏高原被誉为"世界屋脊"，平均海拔在4000米以上，虽然它有着令人震撼的美，但强烈的紫外线，与秋冬凛冽的寒风却在不断地挑战着人类生

存的极限。

尽管如此，不喜欢在办公室听汇报、要情况的孔繁森，依旧常年奔走在这极高、极寒、极苦的地方。广袤的西藏，村与村的距离动辄就几十甚至上百公里远，可他为了了解真实的群众疾苦，仍然会走很远的路。在路上，就是这顶礼帽为他抵挡着风雪，遮蔽着毒辣的阳光。

1989年冬天，一场意外，更让孔繁森终生难以离开这顶帽子。一天晚上七点多，孔繁森去山南县开会时，遭遇了严重的车祸，他被甩出车外，头撞在了石头上。被紧急送医的他，在医院里一小时吐了7次血，一度生命垂危，亲友们甚至都做好了最坏的打算。经过艰难的抢救，孔繁森凭借着顽强的毅力挺了过来。医生建议他静养。然而，就在他刚刚脱离危险后，拉萨的一所学校发生了食物中毒事件。心忧学生的他顾不得自己的伤痛，骑上自行车就赶到了现场。后来，他又带着尚未完全痊愈的创伤率队到北京、合肥等地看望当地藏族班的学生。

由于这次车祸没有得到彻底的治疗，给孔繁森留下了脑震荡后遗症和右眼重影的终身残疾，也落下了一受风就头疼的毛病，而礼帽就更成为他不可或缺的依靠。在生命的最后一两个月里，他在给莘县好友的信中提到，"只要一用脑、一写信、一读书，头就疼得像裂开一样。"那是一种怎样的疼，疼到让他不能执笔，疼到让他彻夜难眠。长期的高原缺氧还让他患上了高原性心脏病、大脑萎缩等多种疾病，病痛让这个当年身形高大的山东大汉日渐憔悴。

"冰山愈冷情愈热，耿耿忠心照雪山"，在雪域高原奋斗的十个春秋，他怀揣着对党的无限忠诚和对人民的无私大爱，始终无怨无悔，直至把生命定格在为西藏人民谋幸福的征程上，而这顶来自世界屋脊的小小的礼帽，伴随着他走向了生命的终点，成为人们心中永远的记忆。他用真挚的爱民之情，赤诚的为民之心，强烈的富民之愿，充分展现了我们党全心全意为人民服务的根本宗旨。

党的二十大报告把"必须坚持人民至上"摆在"六个坚持"的第一位。这也是马克思主义政党区别于其他政党的显著标志。今年是孔繁森同志因公殉职30周年、诞辰80周年，我们要在习近平新时代中国特色社会主义思想的指引下，高擎起孔繁森精神这顶不朽的"礼帽"，深入学习贯彻习近平总书记视察山东重要讲话重要指示精神，努力创造更多无愧于党、无愧于人民、无愧于时代的新业绩。

从三尺讲台走出的
全国五一劳动奖章获得者

聊城市技师学院　刘亚杰

　　我在30出头的年纪，从三尺讲台走来，获得了全国五一劳动奖章。今天，就和大家分享一下我的成长故事。

　　2020年以前，我只是个普通的程序员，每天背着电脑包，两点一线。那时候，我非常满足于这种专业对口，也不太需要和人打交道的生活状态。

　　有一天，我去看望高中老师，顺便帮他解决了电脑问题，老师感慨道："你的技术这么好，要能传给下一代，该多好啊！"这句话点燃了我成为职业教育老师的梦想。

说干就干！我开始认真学习、准备考试，最终如愿踏进了聊城市技师学院的大门。

第一次上讲台，还真是有点尴尬。我熬夜备课，做了充分准备。可真的走进教室时，才发现一大半的学生对我的课都不屑一顾，他们聊天、睡觉、摆弄文具，什么都干，唯独对我说的任何话都没有回应。我非常受挫，甚至开始怀疑自己的选择。

有一位老教师对我说："你光讲理论哪行啊？学生们要的是实用、好玩的东西。"我恍然大悟，开始琢磨怎么把难懂的知识和生活结合起来。教C语言编程时，孩子们听得云里雾里。我便买了一些开发板，让孩子们通过编程控制灯泡，像流水一样交替亮起。果然，他们一玩就停不下来。"编程这事儿也不难，还挺有趣的。"听到学生这样的反馈，我心里乐开了花。

为了锻炼自己，我当了班主任。在我的班级中，有一位原本活泼的学生因父亲突发脑梗瘫痪在床，变得沉默寡言。我得知后第一时间安排他做我的"小助理"，还专门准备了一个谈心本，每天再忙也坚持了解他的心理变化。经过几个月的耐心陪伴，这名学生最终走出了阴影，重新找回了自信和乐观。

后来，我尝试着指导学生参加省市和国家级的比赛，前前后后共拿回了10余个奖项。学院领导看我积极上进，让我当了团总支副书记。这时候，我总算是慢慢入门了，先后获得先进工作者、模范班主任等荣誉。

"亚杰，要不要参加芯片开发应用大赛？"2023年8月，距离比赛只有两个多月的时候，我收到了组队的邀请。

"好，我参加！"我毫不犹豫地答应了下来。其实当着班主任，团总支事务又多，妻子一个人在阳谷，父母也需要人照顾，我已经有些力不从心。但为了给学生做好表率，为了证明自己是个合格的职教人，我决定好好把握这次比赛。

时间紧迫，我和搭档梳理了大赛包含的所有知识点，看视频自学，购置

专业书籍，把每一个细节都学精、学透。在备赛的那段日子里，我们白天给学生上课，晚上在实训室训练。只要有空闲时间，就去加练，周末也忙碌到半夜。

"你说，咱都这么刻苦了，没成绩可咋办呀！"有一天，我的搭档问我。

"咱要干就得干好，干到极致。"我说，"咱不能只做样题，得有自己制胜的'法子'。"

从这之后，我们每天都在改进，反思做题方法到赛场上能不能行，能不能提高效率。我们把样题做了一遍又一遍，对每一个潜在的出题方向都进行了全面而细致的试验，确保没有任何遗漏。

芯片设计是一个高度复杂且精细的过程，一点点错误就可能导致前功尽弃。每天晚上睡觉前，我都要在脑海中过一遍芯片设计的上百个步骤，强迫自己记住每一个元件、每一条线的位置。随着一遍一遍的训练，完成时间终于从10小时逐渐缩短到7小时，5小时，4小时，3小时，2小时……

历经校赛、省赛的层层选拔，我们终于冲进了绍兴决赛的赛场。站在考场门口，我感受到了前所未有的压力，心里不自觉地打怵。实操比赛的前一天晚上，我焦虑地睡不着觉，在房间里来回踱步。

"相信自己，无论结果如何你都是学院的骄傲！"系主任打电话说。

妻子也发消息鼓励我。

这给了我莫大的勇气。我渐渐把注意力转移到明天的比赛上来，喊着搭档用一晚上时间模拟了所有想到的题目，做好了最后的准备。

赛场上，气氛紧张而凝重，比赛时间为5个小时，题目新颖，非常考验临场反应能力。好在我们之前对每一道题都钻研到了滚瓜烂熟的地步，都能够根据平时练习的思路找到破解办法。最后，更是仅用时1个多小时便完美实现了芯片的设计与测试。最终，我们从全国88支队伍中脱颖而出，夺得冠军。当站上最高领奖台的那一刻，所有的努力和汗水都化成了喜悦的泪水。

2023年五一节，中共聊城市委书记亲自颁奖，授予我全国五一劳动奖章，这是对我作为一名职教人的肯定。

教育是国之大计、党之大计，我将坚守三尺讲台，为学生的成长、为祖国的繁荣贡献自己的力量！

新时代的豆腐梦

高唐县豆之府老豆腐店   王业松

　　"要不要辣椒？鸡蛋？葱花？几个烧饼？"大家知道这是说什么吗？在我的高唐老豆腐早餐店里，每天早上我都要对顾客说几百遍，而我的故事正是从一碗老豆腐说起。

　　记得小时候跟着父母赶大集，望着一碗碗热气腾腾、香气扑鼻的老豆腐，我最大的愿望就是能喝上一碗，所以那时我就有了一个朴实的梦想：长大了学做老豆腐，那样我就能吃个够。

　　多年以后，我常年在外打工，每次回到家乡必定要喝上一碗老豆腐。一次，和村里的发小一起喝老豆腐时，看着店门外排起的长队，他笑着对我说："如今我们高唐老豆腐也是非遗美食，你外出打工可能还没卖豆腐挣得多！"说者无意，听者有心。这话唤起了我儿时的梦想，为啥我不能回家创业卖老豆腐？传承这门非遗老手艺？于是我便决定回家卖老豆腐。然而当我跟家里人商量时，却遭到了家人的强烈反对，尤其是我的父亲，他说：人家年轻的都外出挣大钱去了，你却回来卖老豆腐，能有什么出息！"

这时候，我犹豫了，到底要不要返乡创业，要不要卖老豆腐，这么做对吗？儿时的梦想不时涌上心头，不敢做、不敢闯，梦想，永远只会是梦里空想，也许逆风的方向更适合飞翔。

说干就干，当时我手里也没多少钱，找亲戚借了15000块钱就开始了，但满腔的热情被现实无情地浇了一瓢冷水。那时候都是在大炉灶上架起铁锅烧煤，凌晨两点半就得起床。开业前几天，老豆腐免费品尝，人满为患，排起长长的队伍，当时我认为卖饭多简单啊，做出来就有人来吃，等活动搞完却一下没人了，一天五十碗都卖不了。正巧这一天清晨，铁锅中的豆浆开了锅，控制不住马上就要漾出来了，这时我右手还拿着舀子，左手赶紧去拔鼓风机的插头，忙中出错，舀子中的豆浆一下子就倒我脚面上了，瞬间脚面上的水泡就起来了，大得像个馒头。那个疼法真是十指连心，我心想这可怎么干啊？

这时却屋漏偏逢连夜雨，就在我烫脚的第二天早上，因为大炉灶紧挨着店门的玻璃，时间一长温度一高，直接就把这个玻璃烤炸了，当时我正在门口忙着舀豆腐，炸裂的玻璃砸到左手上，霎时血流如注。母亲急忙把我送到了医院，我却因为晕血直接不省人事。等我醒过来时，左手上一共缝了14针。这时候我真的迟疑了，一个人坐在病床边发呆，心想：当初是不是我选择错了？我是不是根本就不是卖豆腐的料？当时又加上生意不忙，我就萌生了退意，不想干了。

没想到，这一切被母亲看到了眼里，她拉着我的手心疼地说："万事开头难，心急吃不了热豆腐啊。开始你爸反对你干，你非干，现在花了好几万弄这一摊子，你说不干就不干啊？人这一辈子不短也不长，东一榔头，西一棒子，把什么事都做了点，却没几件能坚持到底的，那最后就是一事无成。

所以不管干什么事都需要坚持。以后我去店里帮忙，再遇到啥事咱娘俩一起面对！"望着半头银发的母亲，我坚定了继续卖老豆腐的决心。从医院回到家，我就拿来一只拖鞋，把鞋面剪开，露着水泡穿上，光着脚后跟，在地上拖着脚用一只手干活，就这样坚持了一个多月，我的手脚才康复。

就这样，我沉下心来做老豆腐，一做就是14年。我用"诚信"点制豆腐，用"古法"熬制卤汁，用"精心"服务群众，我的老豆腐早餐店开始在当地崭露头角。餐饮店从最开始的一间发展为上下两层6间的门面楼，招收的学员遍及全国各省市。

创业不易，一路走来，我感触最深的就是不忘初心，方得始终。作为新时代的一名创业者，我不仅要把这门非遗特色美食做大做强，还要尽我所能带领更多的年轻人一起创业。这些年，只要是去我店里吃饭的困难群众，我都给免单，我用真心做一些力所能及的事情，用老豆腐传递温暖正能量，当看见他们脸上幸福的笑容，打心眼儿里觉得一切都值了。我还在国家发生重大变故时伸出援手，疫情防控期间、河南河北遭受水灾、甘肃地震等，我都捐了款。

新时代要有新气象，更要有新作为。现在我店里已经开通了二维码收益捐，我还想继续帮扶一些家庭困难的学子，帮助他们完成学业，成长为对国家民族社会有用的人。在新的长征路上，我将矢志不渝、勇毅前行，凝聚正能量，对社会多做贡献，帮助更多的人，用一碗老豆腐共同实现每个人心中的"中国梦"。

做好时代声音的"传话筒"

莘县融媒体中心　孙宏元

20年前，当时的我14岁，我非常清晰地记得在一个午后，我在电视上看到一档节目，叫《面对面》，一名主持人、一名访谈嘉宾，就那么面对面坐着，谈笑中用对话记录着历史，以人物解读着新闻。身边的朋友希望以后成为记者所采访的那种人，但是我期待的是自己成为采访嘉宾的那位记者。

是的，20年后的今天，我已经在基层的融媒体中心做记者13年了。这些年，我始终用镜头记录着发展，体会着变化。今天在这里我从一名记者的角度跟您聊聊我眼中的中国梦新气象新作为。

去年国庆节，燕塔广场开展了"同唱一首歌"的活动。我当时做了一个

很简单的采访，我问来参加活动的人们，您对未来有什么期待？有人说要赚更多的钱，又有人说要家庭幸福，还有人说要万事顺利。但是无一例外，他们都会在最后的时候加一句：希望我们的国家越来越好。现场来了一位老战士，95岁，他自己骑三轮车来的，满身的奖章在阳光的照射下熠熠生辉，老人一遍遍用含糊不清的语言唱着他已经成为"肌肉记忆"的歌，看到广场上巨大的五星红旗，他久久地行着军礼不愿放下。他说，我希望我们祖国越来越好，希望你们年轻人越来越好。说到年轻人，在刚刚过去的高中成人礼上，有这样一个环节：给40岁的你自己写一封信，放入时间信箱。我采访了一位少年，您猜这位少年都写了什么？他说，我不知道未来的我会怎么样，但是我希望未来的我是一个不让前辈们失望的人，不只是我们的父母亲人，而是对得起先辈们用鲜血为我们创下的这片江山。在听到年轻人这么说的时候，我脑子里瞬间就想起来那位95岁的老人，也瞬间理解了习近平总书记说的那句话："红色基因就是要传承，中华民族从站起来、富起来到强起来，经历了多少坎坷，创造了多少奇迹，要让后代牢记。"

说到这儿，我要给您介绍一下这位老人，他是我在2023年新兵入伍欢送大会上遇到的，当时遇到他的时候我感觉很诧异，因为仪式已经进行了一半多了，这位老人穿着拖鞋姗姗来迟。工作人员引导他进屋休息，一边让老人喝水，一边告诉我他是一个人步行来到现场的。经过跟他聊天我得知，老人名叫张金泉，已经80岁了，今天来是送孙子入伍的，凌晨3点他一个人从家里出发，走了整整25公里，来到这里。我说，那您怎么不跟孩子一块儿来呢？他说，孩子们嘛，孝顺，怕我看到了受不了，不让我来。于是，他便瞒着家里人，一个人偷偷地从夜里走到白天，直到来到孙子身边。在听到外边有列队的声音之后老人坐不住了，他去门外等，在看着一列列队伍过去之后，老人更加着急，直到队伍走完，老人的孙子从队伍的另一头走过来。老人看到孙子，非常郑重地对着孙子敬了个礼，孙子回敬军礼的那一瞬间，我感受到的不只是老人对孩子的爱意，更有一种期待。果然，老人说出的第一句话不是你好好吃饭，照顾好自己，而是：孙子，你要听领导的话，跟党走，下定决心为人民服务！在孙子认真地答应后，老人从袋子里拿出来背了一路的苹果。在后续与老人的聊天中我得知，老人有四个孙子，今天入伍的是大学毕业的大孙子，将来，他要依次把另外三个孙子都送进军营。这时，他从包里拿出了一份保存得非常好的烈士证明书，老人的父亲叫张丙才，是在抗日战争中牺牲的烈士。当时我似乎理解了为什么老人无论起多早走多远都得来送孙子入伍，其实放心不下孙子心疼孙子还是其次的，最重要的是他要把那两句嘱咐说给孩子，就是你当了兵以后一定要听党话、跟党走，听领导指挥，下定决心争取更大的胜利，他要听到孩子说"是"。这是流淌在家族里的红色血脉，就像他的父亲从军后他再也没有见过，直到这一封烈士证明书；也就像是我们的先辈们为了国家为了当年的中国梦毅然决然走向那条充满荆棘与坎坷的路。时过境迁，如今他们的后辈们也接过他们手中的接力棒，继续着先辈们的遗愿，为实现中华民族伟大复兴的中国梦继续向前走。也正如歌曲《如愿》中唱的那样："如果说你曾苦过我的甜，我愿活成你的愿。"我们相信他们能拿好这红色的接力棒，就像我们曾经一直坚信着的前辈们那样。

　　幸福之路是走出来的，幸福的日子是干出来的。坚守新闻一线，书写奋进画卷。作为一名记录者，我看到过严寒天气里农业工作者挨个大棚为农户们普及极寒天气下如何做好农作物的防护；作为一名记录者，我看到过暴雨连绵的夜里，领导与工作人员整夜不眠不休地疏通下水道；作为一名记录者，我看到过为了村庄发展村委会里彻夜亮着的灯；作为一名记录者，我看到过在高考时为了考生顺利考试，交警、公安、医疗、办事处等各个部门的协调作战。你看到的是岁月静好，我看到的是负重前行；你感受的是"闲敲棋子落灯花"，我体会到的是"五月人倍忙"。正如路漫漫其修远兮，吾将上下而求索，作为一名记者，我将拿好手中的话筒，带着对未来的笃定与对事业的热爱，乘时代之风，在祖国的万里长空中，共续时代华章！

我和志愿服务的故事

冠县清泉街道办事处　于丽钠

新时代文明实践志愿服务是社会文明进步的重要标志，是加强精神文明建设、培育和践行社会主义核心价值观的重要内容。习近平总书记对志愿服务工作高度重视、寄予厚望，他称赞志愿者是为社会作出贡献的前行者、引领者，希望志愿者、志愿组织等大力弘扬奉献、友爱、互助、进步的志愿精神，以实际行动书写新时代的雷锋故事。

"闺女，新时代文明实践是啥啊？"这是我刚参加工作时王大娘问我的一个问题，当时的我看了看身上的红马甲，支支吾吾地说不出个所以然。我将这个问题转述给我的领导同事，他们说这个问题只有行动能告诉你，于是带着这个问题，我走进辖区村庄、小区，寻找答案。

2023年10月23日重阳节当天，街道新时代文明实践组织在西谷子头村开展志愿服务活动，作为志愿者的一员，我积极报名参加，也是这一天我有幸结识了陈海岐老两口。初见时他们穿着洗得发白的旧衣裳，老奶奶满脸慈爱地坐在轮椅上，老爷爷在后面颤颤巍巍地推着轮椅，仿佛风一吹就能将他吹倒似的，我热情地邀请他们老两口拍全家福，老奶奶局促地接过志愿者提前准备好的鲜花，紧张得不知所措，美好定格的那一刻，我看到他们眼底流露出的开心与幸福，感觉所有的忙碌都是值得的。不久，当我兴冲冲地去给他们送全家福的时候，等待我的却只剩下陈爷爷一人。当时，老人正呆呆地坐在轮椅旁晒着太阳，轮椅上，一层薄薄的尘土清晰可见。我看着手中崭新的全家福和望着太阳发呆的陈爷爷，眼泪不知不觉夺眶而出，手里的照片那一刻也成了"烫手的山芋"，递也不是、不递也不是。爷爷看到后，那一刻眼睛发出了亮光，示意我把照片递给他，颤抖的双手在奶奶的照片处摩挲了好久好久。自那之后，我和几名志愿者成了陈爷爷家里的常客，天气渐冷时送上几件棉衣、几床被子，取暖季宣传用电用气安全，下大雪时和村干部一起扫清房前屋后的积雪。陈爷爷说自从认识了我们这群年轻的小同志，他的生活好像一下有了颜色，那一刻我突然就理解了什么是"志愿红"，也找到了"打通服务群众的'最后一公里'"的答案。

一棵树摇动另一棵树，一朵云推动另一朵云，一个灵魂唤醒另一个灵魂。这正是新时代文明实践的真实写照。我们要在扶贫济困、环境保护、文化宣传、助老助残等领域奉献力量，推动社会主义核心价值观内化于心、外化于行，做党的创新理论飞入寻常百姓家的小喇叭，身体力行践行"奉献、友爱、互助、进步"的志愿精神。

腊月二十五，我接到了一个特殊的点单任务，东街小学几名家长组织孩子开展寒假实践活动，想带着孩子参观东三里庄村史馆，了解咱们冠县的革命故事。看到点单任务后我立即拨通了其中一位家长的电话，与他沟通确定参观时间，我高兴地挂断电话之后却又犯起了难，怎么才能让小朋友既感兴趣又理解明白这些历史呢？于是我决定去实地演练一把，我在只有三四摄氏

度且没有空调的村史馆里来来回回地模拟十几遍，冷得打哆嗦说不出话时我就搓搓手跺跺脚给自己取暖继续练习，为的就是更好地将东三里庄和冠县的红色故事、红色精神展现在孩子们面前，上好这一节生动的思政课。下午两点，几名家长带着孩子如约而至，参观过程中我时而俯下身体解答孩子们的问题，时而给他们介绍赵建民、朱月桐等英雄人物，一场讲解下来我和孩子们成了好朋友，也获得了家长们的高度好评，而我在收获成长的同时也将志愿服务的精神传递给了这群小朋友，将互帮互助、团结友爱的种子埋在了他们心底，小朋友们都说，他们在学校里也要做一个小小志愿者，力所能及地帮助别人。

我很庆幸，在志愿服务的路上，有许多人和我一起前行，让我们像那颗红色的蒲公英一样，立足践行，做文明的种子，扎根每一寸土地，传播爱与希望，以更加坚定的家国情怀、更加高远的理想追求、更加执着的报国信念投身到志愿服务当中，以奋进汇聚蓬勃春潮，用奉献谱写时代华章！

十里水果飘香　一村百姓共富

阳谷县寿张镇中心幼儿园　张东超

在那片被岁月温柔以待的土地上，有一个被美誉为"水果之乡"的美丽乡村，叫冀王村；有一种果汁溢满唇齿间，回味无穷让人难忘的香甜，叫"冀王味道"；有一位始终把群众放心头，把责任扛肩上，有着20年党龄的女性村党支部书记，叫雷春华。

冀王村从上个世纪60年代就是远近闻名的"苹果之乡"。近年来，因品种单一，冀王村苹果无人问津，一斤才卖七八毛钱，忙活一年，每亩收入最多2000元，这可把果农们愁坏了。雷书记更是看在眼里，急在心里，她在一次全村大会上掷地有声："咱们得让这老树开新花，让果子变成金疙瘩。"

然而变革之路从不是坦途。在她的提议下，村里决定对果树品种进行

革新，引入红富士苹果和黄金梨，改良桃树和葡萄，甚至尝试引进诸多新品种，但这一决定初期遭遇了重重阻碍。"雷书记，换新品种能行吗？万一失败了，俺们这一年可怎么过？"老李的担忧代表了许多人的心声。甚至还有偏激者将新栽种的树苗砍倒，以此表达不满。面对现状，雷书记没有退缩，她挨家挨户耐心讲解新品种的优势："老李，你相信俺，红富士不仅色泽诱人，味道更是甘甜无比，它能甜到咱心窝子里。"在无数个夜晚，她的声音温暖而坚定，最终，是她的坚韧与诚意打动了乡亲们。当第一季改良水果沉甸甸地挂满枝头，村民们围绕在雷书记周围，脸上洋溢着前所未有的喜悦。"雷书记，您看，这果子不光是外表好看，吃起来更是没的说！您让俺们做到了！真的做到了！"大家伙纯真的笑容，是对她最好的赞扬。此后，冀王村成为名副其实的"水果之乡"。

有一次，为了抢救一场冰雹灾害中受损的果树，她连续数日未曾合眼，组织村民紧急搭建防护网，确保每一颗幸存的果子都能健康地成长。雷书记站在新搭建的防护网旁，与一位饱经风霜的老果农并肩而立。"老张，这次风雨咱们一起扛过来了，明年的收成，必定更好。"老张眼含泪光却笑容满面："雷书记，刚开始大伙儿心里都没底，现在瞧瞧这果园，果子好得跟画上似的，多亏了您啊！咱们以后啥困难都不怕了。"雷书记笑笑说："是党的富民惠民好政策，帮俺们农民圆了'过上好日子'的梦。"

谈及家庭，雷书记的眼中闪过一丝不易察觉的酸楚。我问雷书记，担任支书后整天为村里忙前忙后，家人反对过吗？对家人有没有亏欠？她说："有。任村支书第一年，儿子读高三，我一门心思扑在果树嫁接品种改良上，没时间顾他。儿子很生气，说我们班同学妈妈都租房子陪读，你也不管我，假如我考不好了你也没资格赖我。他的目标是中国科技大学，最后被山东理工大录取。到现在还埋怨我呢。"说到这里一股心酸涌上来，泪珠在她眼眶里打转。"俺村人多事多，难管。俺对象多次反对。可大家推选我，信任我，我不仅要干，还得干好！我有信心带领村民过上好日子！

甘洒热血献青春

聊城市公安局聊南分局　张雪妍

一份信仰，一生担当；一次宣誓，终生恪守。

大家还记得被剥皮碎骨的缉毒警察李雄吗？在缅甸发现他尸体的时候，他的五根肋骨被钝器敲碎、两条腿被剥皮，肉是一片一片被削下来的，他的鼻子被刃器割掉、两个眼球被捣烂、下巴被钝器击碎、八根手指被砍掉……

尸检报告显示：从第一处伤害到致命伤，中间的持续时间达45个小时！最残忍的是，他被毒贩注入了大量安非他命，整个受虐过程，他都是清醒的。

他的肉体承受了无法想象的痛苦，最后，他牺牲了。

他其实很普通，没有英俊的容貌，没有富裕的家庭，但他是国家的栋

梁，是人民的英雄。

烈士陵园里，肃穆的横幅、洁白的鲜花格外刺眼，他的妻子想过这一天可能发生，但她从未想过这一天来得这么快，这么猝不及防。"我来看你了，你已经出差好几个月了，我想你了，好想见你。""你说这次行动回来，要带我去补拍婚纱照的，我都挑好婚纱了，你无论如何也要睁开眼睛看一看吧？""告诉你一个惊喜，我怀孕了，你要做爸爸了，你要做爸爸了啊！"……

李雄牺牲了，但是在任何的对外宣传和内部文件中，他永远只能被叫做不属于自己的名字——"李雄"，为了保证家属的安全，他没有墓碑、没有葬礼，没有人知道英雄的名字，没有人知道英雄的样貌，就连他的妻儿也只知道"因公殉职"这四个字。

和平年代，流血牺牲的场景似乎离我们很遥远，你知道吗？现实情况不是这样的。根据公开数据，仅2023年，全国因公牺牲的警察有417人，这意味着每一天都有警察在祖国的某一个地方里永远地倒下。

我们之所以看不见黑暗，是因为有人拼了命地把黑暗挡在了远方啊。

又是一年初春，我，光荣地作为聊城公安的一员，翻越山，跨过河，穿过丛林，怀着心中的悲愤和义无反顾的坚定，真真实实地来到了缅北边境。

就在我对面端坐着的女人，表面上谈吐文雅，和蔼可亲。可是据我们掌握的证据显示，她先后两次嫁给缅甸犯罪园区的重要头目，往返缅甸和云南，虽哺育着婴儿，却视毒品如三餐；暗中买卖我国公民，折磨我国人如牲畜。这，就是最真实的缅北。

几经周转，我们在取得嫌疑人口供上仍然屡屡受挫。我向领导提出了一个大胆的建议：我想和她面对面，单独聊聊。

我把矿泉水瓶盖拧开，递到她的手上，我把凳子搬到她的面前坐下，我以女儿的角色切入，聊到她的身体，又聊到她的外孙，我与她共情，我给她温暖。直到我发觉到她的手在掩饰不住地颤抖，我强势开启情感攻坚，她的态度开始缓和，眼中竟有了一闪而过的泪光。她沉默了片刻，就在这时，不知她想到了什么，突然开始大哭。我上前握住她的手，我知道这双手可能沾满过毒品，可能沾满过鲜血，但我仍然握得很紧，很紧。我们聊了许久，聊过了她的一日三餐，聊过了她的颠沛一生，执法记录仪也在旁悄悄记录下她的所有罪证。没有想到的是，审讯结束后，她竟用一种很坚定的目光望向我，她说："其实是你身上这种气质感染了我，是一种正气，一种不可回避的正气。我真的喜欢你，好希望你是我的女儿，谢谢你！"

我久久回忆着这句话。在这里的几十天，我看到了边境线上高高竖起的围墙，我看到了缉毒英雄用血肉之躯阻挡的子弹，我看到了风雨中永垂不朽的墓碑，我也看到了自己已脱皮的脸庞。你看，在光的背面，黑暗多么刺眼；你看，在黑暗之中，仍有那面鲜艳的警旗迎风飘扬。

天地英雄气，千秋尚凛然。我是聊城女警中的一员，我始终坚信时代之光终将绽放，因为，总有一群人牢记嘱托，肩负重任前行；总有一群人芳华竞展，映照时代荣光。

党的光辉照我一路前行

聊城市人民医院　杜鹃

　　我是一名护士，一名共产党员，作为生在红旗下、长在春风里的"80后"，我未曾经历中国最艰难困苦的岁月，却目睹了改革开放的辉煌，享受着时代变迁的红利，而这样的时代变迁离不开一代代共产党人的持续奋斗！今天，我想跟大家讲一讲在这个时代变迁中发生在我身边的故事。

　　我的外祖父是一名新中国成立前入党的老党员，我记事的时候他已年逾花甲，是周边几个村子的片儿长，记忆中的他总是雨天一身泥，晴天一身汗。他的口袋里总是装着一个花手绢儿，里面包满了几分、几角的钱，走家串户的时候遇到谁家有困难，都会帮上一把。外祖父说他做梦都没有想到自己可以活到解放后，他不知道年近古稀的他还能做些什么，只知道作为一名共产党员，宁肯自己吃糠咽菜，也不能让群众受苦受难。外祖父去世时，从十里八乡赶来送他最后一程的人从村头排到了村尾。当灵车开出人群几十米外时，突然有一个陌生人在地上长跪不起，喊道："老哥哥，我来晚了。"那时我突然明白了一句话，就是平凡是可以铸就伟大的！物换星移，栉风沐雨，外祖父启蒙了我一名共产党员应有的样子。

我的父亲是一名退伍军人，曾经荣立过三等功，退役后在聊城啤酒厂工作，是一名普普通通的共产党员，他和蔼可亲，心地善良。记得厂里分房的时候，已经是科长的他明明可以优先选房，但他却没有那样做，以至于我们家最后被分到了没人要的顶楼——5层楼上，母亲抱怨说："让你早选你不选，这倒好，以后老人想来家里住几天，都爬不上来！看你老了以后怎么办！"父亲听了，没有过多的解释，只是说："5楼这不也挺好，你看，在咱家阳台上还能看到几公里外的古楼哩！"冬去春来，岁月如歌，不善丹青的父亲为我勾勒出一名合格共产党员应有的样子。

2006年，我进入聊城市人民医院工作。也正是那年冬天，我所在的心外科发生了这样一件事。一个只有九个月大的重症先心病的患儿只能靠临时心脏起搏器维持他微弱的心跳，更加不幸的是他被父母遗弃了，而我的同事们并没有因此而放弃对他的治疗，科室的老师们都不约而同地给这个患儿买来吃的、穿的、用的，像对待自己的孩子一样照顾着这个脆弱的小生命，小家伙儿虽然不会说话，但是大大的眼睛里写满了对这个世界的渴望，经过一个多月的治疗和护理，这个孩子的心脏奇迹般地复跳了。那一刻，我感觉这个让人期待已久的"心跳"成了世界的最强音！而老师们身上独有的责任感和对工作的执着坚守让我肃然起敬！我决心要成为像他们一样对工作、对生命绝对负责的医者。

有人说："选择了学医，就是选择了一辈子的高三生活。"每天早出晚归，没有节假日，更没有时间陪伴家人。2020年12月，父亲因病住院手术，同事们让我安心照顾老人，但由于当时的我刚刚接任心内科重症监护室护士长，科室收治的又都是心脏病重症患者，随时可能有生命危险，我总是放心

111

不下。刚刚做完手术的父亲似乎看穿了我的心思，对我说："闺女，我这就是个小手术，再说你一个女孩子家家的，照顾我也不方便，你忙你的，我这儿有你妈哩，你就放心吧。"听了父亲的话我的心中五味杂陈，长舒了一口气后撒娇地说："这可是您说的，那我去照顾我的患者喽，您这个患者就让这里的医生护士照顾吧！"于是我交待了母亲几句，就回到了工作岗位上。说来惭愧，父亲住院的10天是我距离他最近的10天，但我却只有手术当天、出院时看过他，其他时间我都没有出现过，作为女儿，我连合格都算不上。

新冠疫情防控期间，我义无反顾地参加了"武汉保卫战"、"大上海保卫战"，有人问我："作为家里的独女，你怕吗？""怕！""还上吗？""上！""为谁？""为人民！""后悔吗？""不后悔！""为什么？""因为我们的肩上承载着太多生命的重量！"

2023年1月，我当选为山东省第十四届人大代表。在履职的过程中，我有幸认识了齐鲁时代楷模杜立芝、残奥会冠军贾红光、聊城大学龙舟队主教练吕艳丽等来自各行各业的劳动模范。在他们身上，我看到了新时代中华崛起的磅礴力量，而他们也为我越来越清晰地描绘出一名优秀共产党员应有的样子。

我庆幸，我生在华夏！我自豪，我恰逢盛世！未来，我将继承和发扬新时代南丁格尔精神，在党的光辉照耀下，迎着朝阳，披着霞光，一路前行！

农业路上的"追梦人"

聊城市国兴城乡发展集团有限公司　吴双

　　时光荏苒，我永远不会忘记来上班的第一天，领导让我负责农业项目，我以为就是坐在办公室里吹着空调写写调研报告，没想到每天都得风吹日晒，不是钻大棚就是和庄稼打交道，人给晒黑了、变土了，再也不是以前那个精致的"小仙女"了。我不禁问自己："干农业真的能有所作为吗？"说实话，有时候看到大家从事光鲜亮丽的工作，我确实动摇过，也迷茫过，但是慢慢地我在他们身上找到了答案。

　　"古闻仙草临涯长，今见灵芝棚中生。"曾经人们印象中稀有珍贵的灵芝"仙草"，如今就"住"进了我们国兴冠县灵芝科技示范园的大棚里。赶工期抢进度，疫情防控期间每日排查、测温、消毒，全力保障不停产不停工，我们的同事起早贪黑、连续奋战，克服恶劣的环境顶风冒雨，有时不间断地打

电话沟通工作一直打到手机都没电……6个月，180天，人均每天步行上万步，我们黑了、瘦了，但是产业园盖起来了！

去年年底，刚下过一场雪，产业园因为设备故障突然停工，同事李子奇接到电话后二话没说开着车就直奔产业园，因为路滑，车子没刹住，撞到了护栏发生了侧翻。我和同事听闻后急忙赶到医院，看到他头上撞出一个大血包、浑身好几处瘀伤，心疼地问："你不要命啦？！"可他却说："没有哪份工作是看着天气上班的，我能等，但老百姓不能等，咱产业园的运行发展不能等！"

如今我们自己生产的灵芝孢子粉、灵芝茶等各种各样的灵芝产品正在走入千家万户。村民们腰包鼓起来，日子越过越红火，但我们的"野心"却不止于此。

堂邑农业综合提升示范园的大棚里，项目负责人郭伟的电话一直响个不停，此时恰逢香瓜成熟采摘的关键期，也是他最忙的时候。这里的土地盐碱化曾经十分严重，地面上白花花的一层盐碱，普通农作物根本无法种植，这可把当地的村民给愁坏了。集团紧跟现代农业高质量发展的新步伐，提出要把昔日的盐碱地，改造成瓜果飘香的农业示范园。说干就干，他四处奔波，跑了很多地方进行考察学习。那段时间他常常睡不着觉，半夜起来研究改良种植技术，早晨6点又得从家里开车到岗位上。他说，冬天一大早在园区巡视一番后，双手常常冻得伸不开，风吹得脸生疼，不过等干起活来就不冷了。然而种植过程却不是一帆风顺的，一天中午大棚上的保温棉被突然掉落，因为当天气温较高，棚内温度急剧上升，导致部分秧苗都发蔫了。郭伟看了急得直落泪！他心疼地说："看着一天天长大的秧苗受损，就像看到自己的孩子受伤一样！"经过他的精心呵护，如今大棚里遍地都是长势喜人的香瓜，平均亩产可达到5000斤，但我们追随梦想的脚步从未停止。

"谁来种地""怎么种地""如何实现土地增收""怎样保障粮食安全"等一系列问题让我们的同事陆继肖陷入深深的思考。他挨家挨户地进行走访调研，笔记写了好几本，调研报告写了好几版，向种植大户寻思路、找方法，千方百计地为农业蹚出发展新路子。他毫不犹豫地投身农业生产托管服务，把农民发动起来！但是随之问题也来了：一说要进行农业生产托管，大家纷纷叫好；一说要动自家的地建农业生产服务中心，都是脸一沉，把门一关，不搭不理。要是不啃下这块"硬骨头"，农业生产托管想都甭想！他知道，要解决这个问题就要和群众想在一起、干在一起，于是他完成手头日常工作，再出门到田间地头走访，通常都是到日头最毒的时候，他也不携带任何遮阳物品，就这样白天田间地头，晚上入户谈心，最终得到群众的一致理解和支持。如今，我们已实现托管耕地5万余亩，实现村集体增收5万元以上。农业沿着高质量发展的轨道阔步向前、迈向新的征程。

"青"舟无惧万重山

聊城江北水城旅游度假区中心小学　随井雪

　　"同学们好呀，我是你们的随老师！"伴随着一句简单的自我介绍，我的职业生涯也开始啦。2022年8月31日，我召开了第一场家长会，至此我与他们的故事也揭开了帷幕。时光如梭，转眼间入职已近两年，我也渐渐褪去幼稚与青涩，在我平凡的岗位上不断向上、不断成长。这两年，有开心也有不愉快，有感动也有气愤，五味杂陈品了个遍，但乐在其中。我可以很大方地说，这两年，我没有轰轰烈烈的教育故事，没有惊人的成绩，没有感人肺腑的经历，有的只是平平淡淡的教育教学工作和生活，但我很知足，因为我陪着我的孩子们一起成长。而在这个过程中，我也收获了很多。今天，借此机会想和大家聊一聊。

　　两年前的我，初生牛犊不怕虎，可能是因为之前的求学以及求职路走得相对顺利，再加上从本科到研究生，研究小学教育也已经六年的时间，自认为掌握了一些理论，幻想着工作会很顺利、很轻松。然而，现实给我好好上了一课，理论应用于实践并没有那么简单。恰好我接了一年级，别人不都说语文老师+一年级班主任+新教师就是超劲爆组合，很幸运，我体会了。一年级的孩子很小，扫地、就餐、路队，全是小细节，说实话，很累，夜里也偷偷哭过很多次，也想过放弃。我原来是一个很要强的人，但后来我开始慢慢怀疑自己，慢慢变得不自信，害怕做不好。就这样"年轻教师"仿佛成了我的枷锁，我总会担心自己做不好，总觉得自己年轻就一定做不好。不甘堕落又不敢进取。每次踌躇满志准备行动的时候，下一秒又会被焦虑所包围。努力了结果还是失败怎么办？别人会不会觉得我很没用？我没有经验能行吗？还是别费力气了，顺其自然吧。我开始因为担心做不到而放弃争取的机会。

但一次经历改变了我，也给了我一次成长的机会。2023年的六一儿童节，校长让我给班里排一个节目。从小一直到大，我喜欢读书、喜欢研究东西，但不喜欢表演节目，现在让我编排一个节目，我觉得做不到，想退缩。很感谢当年的自己，咬牙坚持了下来。结合当时热点话题，我选择了环保时装秀的方式，但考虑到服装的制作是一道很烦琐的工序，没有经验，我又打起了退堂鼓。但孩子们表现出浓厚的兴趣，我也就静下心来一点点学习、帮助他们。印象最深的是，我们从学校到区里再到市里的比赛表演，孩子们从开始时的蹑手蹑脚，没有自信，一路走来，最终登上了更大的舞台。恰逢比赛时，设备出现问题，孩子们在表演到一半时设备突然故障，现场调试了近5分钟，我怕极了，不知所措。但我没想到的是，他们不怕，调试好设备后，他们自信大方地完成了后半段表演。那场比赛，他们年纪最小，甚至小到连耳麦都戴不合适。但我们获得了第二名的好成绩。抛开成绩，他们的自信，他们眼神里的光是我最欣慰的，也是值得我学习的。这件事给我了很深的触动，为什么要怕？怕什么？有人总会在面对不确定的结果时用"顺其自然"来麻痹自己。但真正的顺其自然，应该是用尽全力之后不强求，而不是

两手一推的不作为。别怕，曾经以为走不出的泥潭，到如今，也就这般风轻云淡。年轻，更应成为我们敢闯敢干不怕出错的资本。虽然年轻，但我们应该成为自己的那座山。现在，我也慢慢放下了"年轻教师"的枷锁，无惧困难与挑战，能够俯下身子，静下心，扎根基层教学，在教育教学之路上，学习着，成长着，付出着，也收获着。

回头看，轻舟已过万重山；向前看，前路漫漫亦灿灿。道路对了，就不怕遥远！年轻充满朝气，青春孕育希望，我们要厚植家国情怀，涵养进取品格，以奋斗姿态激扬青春，不负时代，不负华年，奋力书写为中国式现代化挺膺担当的青春篇章！

总统亲自来"提车"

聊城经济技术开发区东城街道　李明政

　　大家好！我是开发区东城街道的基层工作者李明政，因为中通客车是我服务的企业，所以我对它非常熟悉。我手里拿的是中通客车模型。近年来，先后有数千辆这样的客车走进"一带一路"沿线国家。

　　2023年5月20日，吉尔吉斯斯坦总统扎帕罗夫亲自来到聊城"提车"，刷爆了"媒体圈""朋友圈"。1000台中通客车也创下了当年中国在"一带一路"共建国家的最大客车订单记录，同时刷新了中国出口中亚五国的客车订单纪录。

　　今天我就给大家讲讲总统提车背后的故事。

　　故事要从2023年初讲起，中通客车得知吉尔吉斯斯坦准备采购一批新能源公交车，用于改善当地交通和生态环境。不过要想成功拿下这笔订单，中

通客车需要与国内外多家车企进行PK。有竞争就有机遇。进行市场调研、了解市场需求是企业成功的基础。中通客车人说干就干,迅速组建起一支平均年龄33岁的18人研发团队,2月27日飞赴吉尔吉斯斯坦首都比什凯克,立即深入交通部门、公交车站等进行调研。

2月的比什凯克,寒风凛冽,气温低至零下40度,研发团队身处异国他乡,语言不通、饮食习惯不同,可以说困难重重。团队中最年轻的队员周广瑞,负责每天跟随公交车进行路谱采集工作,他只有20多岁,因为能力出众,刚结完婚蜜月还没过完就被企业抽调来到了该国。因为是南方人,他对比什凯克寒冷的天气极不适应,刚工作没几天身上便多处冻伤,因水土不服还一直拉肚子。但当同事们劝说让他休息时,却被他一口拒绝。"我能坚持得住,采集不完数据就没办法设计,我不能拖大家的后腿,更不能给中通客车丢脸。"就这样,周广瑞拖着虚弱的身体,和大家一样每天在公交车上连续工作十几个小时,历时7天,最终采集到了准确详实的路谱数据,为后续制订服务方案打牢了基础。

只有了解客户需求,才能设计出最优方案。团队队长朱志峰在与一位名叫阿米尔的公交车司机交流中得知,当地的公交车都是20世纪90年代欧洲淘汰下来的车辆,车况很差,他们每天要开10个多小时,因地处丘陵地带红绿灯又多,需要频繁踩离合换挡,而且座椅靠背很硬,这是他们非常苦恼的事情。朱志峰告诉他说:"我们就是来解决您的问题的,我们可以把车设计成自动挡的车辆,座椅带气囊减震、支持多向调节的,以后你不会再有这样的苦恼了。"司机阿米尔听后沉默了几分钟,感动地说道:"我开了30多年车,第一次有团队如此关注一个普通司机的感受,我期待能尽快开上中国产的公交车。"阿米尔师傅感受到了被尊重,更感受到了中国企业精益求精的工匠精神!

经过与国内外同行激烈的竞争,从产品端到运营端再到服务端,中通客车是唯一一家提供整体解决方案的厂家,满足了当地乘客、司机、运营、售后等各种需求，彻底解决了吉方的后顾之忧。3月15日，产品解决方案一经亮相，就得到当地政府认可。吉总统当即签署命令，取消招标，直接采购中通客车。队员们接到这个消息后，泪水夺眶而出，大家彻夜难眠。辛勤的付出换来了最好的回报，这不仅是对整个团队的认可，更是对中国制造的肯定。

订单虽拿下，但吉方要求首批车辆在两个月内交付。整个团队就像"焊"在了生产线一样，每一道工序，每一个关键节点，全程跟踪指导，不敢有一丝丝懈怠。5月20日，随着编号"01"的绿色天然气公交车驶出车间。首批车辆交付仪式在聊城举行，吉尔吉斯斯坦总统扎帕罗夫亲自到场提车。这一激动人心的时刻，见证了聊城中通客车走向世界大舞台的精彩瞬间。

风正扬帆，征途如虹。从建厂初期的40名员工、3万元资产，到现在的3000余名员工、120亿资产。中通客车的"朋友圈"越来越大，产品先后走进了冬奥会、亚运会赛场，走进了全球100多个国家和地区。作为民族客车企业的代表，中通客车将凭借优异的"智"造实力，持续助力"一带一路"共建国家打造高质量公共交通服务，为美好出行与绿色发展的理念贡献聊城力量！

孩子莫怕，一路有我

冠县特殊教育学校　刘菲飞

　　2021年7月，通过教师招聘，我走上了冠县特殊教育学校的讲台。从这一天开始，每个清晨迎着朝阳，每个傍晚伴着余晖，驱车40公里，辗转学校和家之间就成了我的日常。

　　作为特校启慧一班的老师，我的孩子们与其他班的孩子略有不同。6岁的图图，有着一副阳光帅气的脸庞，却在2岁时确诊为孤独症，会经常情绪烦躁并发出尖叫声；8岁的小源，有着大大的眼睛，但情绪异常暴躁，会给正在认真上课的我来上一拳，踢上一脚；我们班的小公主婷婷，一个特别爱笑的8岁女孩，因宫内缺氧，造成肢体二级残疾，上下台阶都需要他人搀扶；9岁乖巧安静的桐桐是一名孤独症儿童，能摘下尿不湿生活是他今年要努力的事儿；还有，班里个头最高的林林，有着清澈的眼神、白皙的皮肤，但先天性的染色体异常，让他常常流着口水淌着鼻涕。

从踏进启慧一班的那一刻开始，我从两个孩子的妈妈变成了一群孩子的妈妈。2021年进班的小源在出生仅仅6天时，便被父母遗弃，从小和爷爷奶奶相依为命。5岁时，爷爷将其送到了特殊教育学校，希望小源能够受到专业的教育。针对小源的情况，我和启慧班的老师们为他制定了一套详细计划，刚走上特教岗位的我也对他的康复学习计划充满了信心。但有一次，我正面对面给小源讲故事时，他却突然身体往后倾斜，伸出右手对着我的脸重重地扇了过来。我被这眼前发生的一切惊住了，那一刻，恐惧、委屈、不知所措，各种思绪涌上心头，眼泪在眼眶不停打转。而眼前的小源，眼神变得惶恐，也很是惊吓的样子。我很快冷静了下来，因为我知道，他突然的暴躁其实是想对同伴示好，但不知道如何表达。我缓过神来一下把小源搂在怀里对他说："孩子别怕，以后，咱们尝试用击掌的方式向刘妈妈表示喜欢，可以吗？"他懵懂地点了点头。从那以后，每次小源尝试伸手和我击掌，我都会奖励给他一个他喜欢的小零食。不久后的一次家访中，小源的奶奶说："小孩子现在的情绪稳定多了，在家也不动手打人了，谢谢你刘老师。"那一刻，我第一次感受到作为一名特教老师的无比自豪！

林林是一名5号染色体异常的孩子，出生时只有3斤，没有自主吃奶的意识，需要用针管儿一滴一滴挤进嘴里。如今9岁的他不会说话，穿着尿不湿，走路不协调，很容易摔倒。为了训练他的肢体，我每天陪他一层一层地爬楼梯；为了能让他发音，我让林林用自己的小手一次一次感受我声带的振动。上周三的家长会上，林林一进校门就看到了我，很快向我跑来，扑在了我的身上，努力地对我叫了声"妈妈"。很吃力，但很清晰！站在林林旁边的妈妈听到后热泪盈眶。她说："刘老师，这声妈妈，我等了9年。"那一刻，我第一次感受到作为一名特教老师的无限荣光！

如今，我已经陪伴我的孩子们在特校走过了一千个日日夜夜。每天，我与30名和我一样扎根在特殊教育一线的老师们为了共同的梦想努力着。无论

风雨寒暑，在冠县的乡间小路上，有我们为全县21名身体残障严重的儿童送教到家的身影。家住柳林镇的小菊，4岁那年突然摔倒，从重症病房出来后失去了语言和行走能力。通过6年的送教上门，如今的小菊可以简单地发声，也开始慢慢学会了站立，笑颜又重新绽放在这个家庭。2022年7月，我们的校园里又增添了一些欢声笑语。在县委县政府的坚强领导下，在上级部门的大力支持下，我校顺利成立残疾儿童智力定点康复中心，全面开启康教融合教育新模式。13间训练室，17名专业康复师，53台康复训练设备，185套康复训练教材，孩子们一边在校读书，一边康复训练的梦想终于实现了。看到这些，桐桐的爷爷感动地说：党和国家时刻惦记着这群孩子们，他们是幸福的。两年的康教融合教育新模式，让我们的教育教学成果凸显。在去年举行的聊城市第一届特殊奥林匹克运动会上，我校派出13名运动员参赛，喜获四金四银两铜的好成绩，位居全市特殊教育学校榜首。

走在校园的小路上，我总会忍不住畅想我的这群孩子们未来的生活。15年后的今天，最调皮的小源去了他梦想中更高的学府深造，行动不便的林林一定正在阳光下肆意地奔跑，爱做手工的婷婷正在自己的文创店做着大家都喜欢的发卡，最帅的图图肯定找到了一份稳定的工作，身旁还站着他最爱的姑娘。这些一定都会实现，因为，这也正是每一位奋战在特教一线的老师内心最纯真的小小梦想。孩子莫怕，成长路上有我，更有我们。

人间繁花有你如森

山东聊城第六中学　詹春芳

　　2024年是孔繁森同志诞辰80周年，进藏45周年，去世30周年。孔繁森曾在我们聊城六中（原聊城技校）学习和工作过，如今，他和同事们亲手栽下的白杨树正枝繁叶茂，茁壮成长！我们称它为"繁森树"。每当看到这些树，我们就如同看到了少年孔繁森的身影……

　　"青山处处埋忠骨，一腔热血洒高原。"30年前，孔繁森从江北水城走出去，带着齐鲁大地的深情，带着对西藏人民的厚爱，来到阿里，在雪域高原竖起一座英雄的丰碑……

　　孔繁森常用这样一句话来自勉，他说："老是把自己当珍珠，就时常有怕被埋没的痛苦。把自己当泥土吧！让众人把你踩成路。"孔繁森是红色精神谱系中的先进典型，他不仅是山东的，而且是中国的；不仅是雪域高原

的，而且是中华民族的。孔繁森热爱藏族群众，他也深受藏族同胞的爱戴。孔繁森去世后，一位90多岁的藏族老人一直哭了半个多小时，一边哭，一边不停地按照藏族的习俗摸着脑门为孔书记祈福。记者问这位老人："孔繁森待你，是不是就像您的亲生儿子一样？"老人却说："不，孔书记不是我的儿子，他是我的父亲，父亲没了，我的福气就没了！"

孔繁森的精神也一直激励着我，讲好繁森故事，弘扬繁森精神也是落实立德树人根本任务的有效途径，也能帮助孩子们"扣好人生的第一粒扣子"。聊城六中成立了詹妈妈工作室，开设了"詹妈妈有话说"宣讲活动。工作室开展以来，我坚持用爱培育爱、激发爱、传播爱，通过真情、真心、真诚拉近同孩子们的距离，滋润孩子的心田，使自己成为孩子的好朋友和贴心人。

有个叫小军的孩子近段时间情绪低落，不爱言谈。我了解情况后主动和他接触，没想到当我与他交谈时，孩子突然抱着我哽咽地说："詹妈妈我也很想来找您，也想跟您说说心里话，可我怕同学们知道了笑话我。"我紧紧地搂着孩子，轻轻地拍着他的后背，让他慢慢地缓解情绪。这时孩子说："詹妈妈，我妈妈意外去世了，我没有妈妈了，我很想她。"看着孩子渴求的眼神，我的心里酸酸的。他需要母亲的关爱和呵护，我拿出纸巾给孩子擦着眼泪，把他抱在怀里，柔声地对他说："孩子，我以后就是你的妈妈，有什么事来找我，以后你就是我的孩子，妈妈的爱我给你，妈妈爱你。"孩子眼含热泪，再一次拥抱了我。孩子擦了擦泪："詹妈妈，我一定化悲痛为力量，好好学习，让您和家人放心。"

从那以后，无论是在学习上，还是在生活中，我不断地关心和爱护着孩子，终于敲开了他那扇自卑的门，孩子也慢慢发生了变化，开始愿意和同学交流，变得阳光、快乐了，学习也在不断进步。前几天他还对我说："詹妈妈我一直在努力，我要加油，考上理想的高中和大学，等将来我工作了一定去看您。"孩子的一句话，让我欣慰，转过脸擦了一下眼泪。中午吃饭，我给孩子买了火腿，他开心地笑了。年前，看到孩子衣着单薄，拥抱他时悄悄地量了尺寸，下班后给他买了保暖衣和棉马甲，当孩子看到我拿出衣服时，他流泪了，在试衣服期间，孩子趴在我的肩膀上悄悄对我说："这件衣服有妈妈的味道。"那一刻，我们"母子"俩紧紧拥抱在一起。

习近平总书记说过，历史是最好的教科书。这几年，我从"红船精神"讲到"延安精神"，从"井冈山精神"讲到"长征精神"，尤其讲到孔繁森的故事，孩子们总是听得津津有味：孔繁森献血抚养孤儿的囊中羞涩，缀满补丁的内衣内裤，简单得不能再简单的一日三餐，去世后仅有的八元六角钱，几个纸箱就能运回家乡的全部家当……孩子们听了都流下了感动的泪水。

有个孩子给我写了小纸条："詹妈妈，我们从来没有上过这样的团队课，听了孔繁森爷爷的故事，我非常感动。从现在起我要努力学习，长大做一个对社会有用的人！"

特战救援　蛟龙出海

聊城市特战救援志愿者协会　秦一杰

　　我叫秦一杰，中共党员，聊城市党代表，曾服役于中国人民解放军海军特种部队蛟龙突击队，也曾先后两次赴索马里执行护航任务，完成40余次驱离海盗行动，并获得"护航精英"称号。

　　记得有一次，我国商船遭遇海盗，救援时间紧，任务重，出发前，领导让我们给家里写一封信，其实我们知道这是一封"遗书"。警报声再次响起，一级反海盗部署，这次护送的商船共有31条，每条都有二三百米长，船与船之间间隔10海里。我乘坐直升机起飞后，飞临海盗小艇上空，一艘艘小艇像蚂蚁一样乱跑，数量达到了惊人的120余艘，这次，我们遇到了有史以来最大规模的海盗集群，整个海面上密密麻麻全是船。我心中既惊又怕，但也充满了亢奋与激动，当他们慢慢靠近我国商船的时候，我收到上级"对海盗进行驱离"的指示，于是对着海盗船队的中心点发射信号弹、爆震弹，再用舱门机枪进行警戒扫射，迫使海盗散开。当我在空中看到我军浩浩荡荡的护航编队时，心中油然而生的荣誉感和责任感让我无所畏惧。再看海盗，他们无非就是一帮蝼蚁，因为在我的身后是我们强大的祖国。

退役后，我始终放不下在部队的那段峥嵘岁月，于是在2011年正式成立了民间公益应急救援组织——特战救援队，不管是从军报国还是公益为民，为国尽忠的使命和为民请命的职责，始终初心不改。

还记得有一次，山东黄河段发生一起汽车落水事故，情况紧急，接到求助电话，我立即调动十几支队伍、100多人前往事故发生地进行救援。黄河是众多河流中水文最为复杂的水域，流速大，吸力强，落水点又在回流区，危险重重。通过声呐定位和分析研判，我们第一时间确定遇难者的位置，在接下来的六天里更改了数十次营救技术方案，如浮船挖掘机打捞法、脚手架篱笆桩平台固定法、抽调数台大吸力抽沙船抽走预埋车辆上的沉沙，120吨起重机先后两次试探性拖拽，一次后保险杠脱离，一次后桥及轮胎脱离。巨大的拉力把保险杠及后桥像弹弓一样射向天空，水下的车体已面目全非。第七天，我再次潜入水中进行捆绑。春寒料峭，零下两三度的冰水中，我体能、热能消耗非常快，双手双腿严重痉挛，头脑反应逐渐麻木。夜晚的黄河中看不到一丝光亮，水中沙石打在脸上如刀割，打在耳中如响雷，但想到岸上家属和百姓期盼的眼神，我又一次次咬牙潜入水中。当第四次下潜时，我终于摸到了遇难者的身体！用尽全身力气和助手用钢丝绳绕车一周，完成绑定。

上岸后，我已是冻得嘴唇发紫，面色苍白，遇难者家属几十口人跪地感谢，现场队员也已泪流不止，我颤抖着将家属扶起。这件事，更加坚定了我在应急救援的道路上走下去的决心。

2013年，雅安地震，我们用一双双手以接力的形式徒步30余公里，把伤员抬去医院；

2014年，鲁甸地震救援结束，被救群众跟着我们的车辆一路相送，送行队伍长数十里；

2017年，九寨沟地震，我们翻越一座座山、跨过一道道断崖，成功营救被困群众20多人。

还有积石山地震、岳阳山洪、青州塌方、寿光水灾、广东广西江西安徽水灾、2021年震惊中外的河南郑州大水灾、河北涿州水灾……

2020年，武汉发生新冠肺炎疫情，我们18勇士以血为书，逆行而上，进入方舱。队员母亲离世，都无法亲自抬棺送行，隔家千里下跪，化悲痛为力量，坚持到最后。

2021年，我队参与西安防疫消杀，消杀面积达到5640万平方米。

2022年，我队参与西藏防疫消杀。80人日夜兼程3500公里，是全国唯一一支进入高原的民间队伍。

类似这样危险的救援场面数不胜数。特战救援队组建14年来，在全国成立正式队伍260余支，正式注册的队员3万余人，我个人出资1300余万元购置大量装备，特战救援队共出动大中小微型任务1.2万余次，救援中救活40人，帮助群众20万余人。

如今，特战救援队的身影已经覆盖了一座又一座城市，走到一个又一个需要帮助的人那里，秉承不图回报、无私奉献、报效国家、服务人民的理念，延续一个老兵的"军魂"。新时代，新气象，新作为。无论过去和现在，只要祖国一声召唤，我们随时奔赴前线！

一辈子只干一件事

茌平区国有广平林场　王吉贵

我叫王吉贵，是聊城市茌平区国有广平林场的场长。这张照片拍摄于1987年，是我和孔繁森同志的合照。孔繁森当时是聊城地区林业局局长，而我只是王老苗圃的一名普通员工。

由于工作需要，我经常去地区林业局汇报工作，孔繁森对我有了深刻的印象，他语重心长地对我说："吉贵啊，改造苗圃的重任，就交给你了，你可得好好干！"想到"春季白茫茫，夏季水汪汪"的王老苗圃，我心中忐忑不安，时刻想着如何完成领导交给的重任。孔繁森书记的话也激励着我，决心在林业战线奋斗一辈子！

1995年，我被任命为王老苗圃书记、主任，第二年夏天突降暴雨，我们精心培育的苗木九成被淹死。我既心疼树苗又觉着愧对职工，下定决心改造

苗圃。可单位负债几十万元，哪有什么启动资金啊？可是真难啊！当时，我家有2间小门头房，是我爱人攒了七八年的钱才买的。我偷偷地卖了，凑了15万元作为启动资金。我爱人数落我说："咱干工作，从公家往自己家拿钱，绝对不对；但也不能从家里往公家拿钱啊！你是不是傻啊？"可最后，她还是支持了我。后来，我们又多方筹集资金500多万元，硬生生地把2000多亩的地面整体抬高了50公分。苗圃终于从原来的盐碱涝洼地变成了土壤肥沃的"聚宝盆"。

2001年，我们茌平提出，要将"圆铃大枣"作为特色产业，建设万亩枣林，然而当时全县枣树种植还不到一百亩。大家都说，万亩枣林的目标怎么实现啊！我决定迎接挑战，向领导主动请缨，接过了这副担子。为了选育高产优质品种，我带领技术人员走遍了16个乡镇的156个村庄，用八年的时间，成功选育出"茌圆金""茌圆银"等优良品种。如今我们茌平已经连续举办了十二届中国圆铃大枣采摘节，大枣年产值达到1亿元，老百姓捧上了"圆铃大枣"这个致富的"金饭碗"。

回想当年选育良种时的酸甜苦辣，同事经常和我开玩笑，说："工作20多年了，就没见过干事像你这么实在的人儿。"我就是凭着这股"闯劲儿"，让茌平收获了"鲁西枣乡"的美称；我也荣获了全国五一劳动奖章和"全国林业系统劳动模范"的荣誉称号。我也知道，这些荣誉不是给我个人的，是对我们团队工作的认可。

2014年底，组织上调我到茌平县国有广平林场任书记、场长。年过半百的我又义不容辞地接过了建设金牛湖国家湿地公园的重任。我理清思路，带着职工种树、修路、建瞭望塔、建观鸟台，林场树多了、鸟多了，生态变得越来越好。可就在这时，一个不好的消息传来，一条正在建设的重点道路将穿过林场。刚刚形成气候的大片鸟类栖息地将被拦腰切断。我听到这个消息，预感林场的生态将遭到严重破坏，赶紧找同事商量对策。大家都说："修路是上级决定的，定下来的事咱能改吗？"但如果不改，我就是林场的罪人，也是湿地公园的罪人！我下定决心：宁可场长不干，生态湿地也不能占！经过我再三奔走呼吁，此事引起了领导的重视，市长亲自带队来调研，最终决定将这条路林场段整体南移60米。林场的生态终于保住了！树上的鸟儿，也保住了！

现在，林场每年有白鹭、夜鹭、牛背鹭等几百种上万只野生鸟类繁衍栖息，森林覆盖率达到70%，成为惠及周围群众的"森林氧吧"。2019年，湿地公园通过了国家林草局验收，正式晋级为国家级湿地公园，为鲁西大地增添了一张"国字号"生态名片。2022年，我们林场获得"全国绿化先进集体"称号，2023年荣获"全国十佳林场"荣誉称号。今年，我又参加了首届齐鲁最美自然守护者颁奖仪式。

回顾45年来的林业路，我没干什么惊天动地的大事，就是种了一辈子的树。今年我62岁了，我还浑身是劲儿，战斗在工作一线上。在以后的工作中，我将继续践行"绿水青山就是金山银山"的理念，也希望能有更多的年轻人加入林业队伍，让我们一起，为子孙后代继续守护蓝天白云、绿水青山。

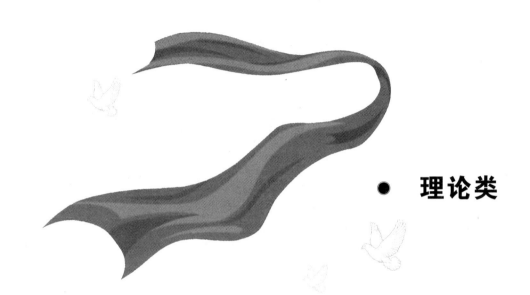

● **理论类**

贺词里的追梦人

聊城经济技术开发区滨河实验小学　高君丽

这是一个幸福的约定，每年新年之际，聆听习近平主席的新年贺词，已经成为中国人民的共同期盼。通过新年贺词，习主席向亿万人民群众说说体己的家常话，道一声辛苦，温暖人心；说一句加油，催人奋进。

在2017年的新年贺词中，习主席说："新年之际，我最牵挂的还是困难群众，他们吃得怎么样、住得怎么样，能不能过好新年、过好春节。"脱贫攻坚战打响后，教育扶贫成为阻断贫困代际传播的重要途径。

2021年2月25日，在全国脱贫攻坚总结表彰大会上坐着轮椅领奖的老人叫张桂梅，她创办了全国第一所免费女子高中，把2000多名大山里的女孩送进大学。她坚守贫困地区40多年，把一切献给了山区，献给了中国教育扶贫主战场。在我们滨河小学，有一位网红老师，她因婚礼上"新郎李洋洋，新

娘李洋洋""李洋洋嫁给了李洋洋"的词条一度爆红网络，但对她来说这些话题并不重要，她关注的是学生。她的班里有一个家庭情况极为特殊的男孩，当李老师看到孩子冬天依旧穿着单薄的外套，小手、小脸冻得通红，瑟瑟发抖地读书时，泪水瞬间湿润了她的眼眶。她随即给孩子买了棉衣、棉鞋、羽绒服，当孩子穿上时露出了欣喜的笑容，李老师也笑了。物质帮扶温暖了孩子的手，情感关怀照亮了孩子的未来。

自古以来，我们对摆脱贫困、丰衣足食都有着深深的渴望，从屈原"长太息以掩涕兮，哀民生之多艰"，到杜甫"安得广厦千万间，大庇天下寒士俱欢颜"，再到孙中山"家给人足，四海之内无一夫不获其所"。如今，经过全党全国各族人民持续8年的共同奋斗，脱贫攻坚战取得了全面胜利，千年梦想，圆梦今朝。

在2019年的新年贺词中，习主席饱含深情地说："快递小哥、环卫工人、出租车司机以及千千万万的劳动者，还在辛勤工作，我们要感谢这些美好生活的创造者、守护者。"

说到辛勤工作，有一位叫叶连平的老人，他今年93岁高龄仍然颤抖着双脚，用拳抵着讲桌坚持上课。原来退休后的叶老师，发现附近的留守儿童在课外无人辅导，便在家里义务辅导学生，还资助他们上大学。他先后获得"全国道德模范""最美奋斗者"等荣誉称号，他说"我希望我的人生是在讲台上倒下去的"。我身边也有这样一位老人，他是我的姥爷，今年78岁，是一位已经退休的老教师、老校长，他退休后，每逢周末，邻居家的孩子们就会来家里写写钢笔字、学学毛笔字，姥爷认认真真地教，一教就是十几年。他的头发越来越白，他的背越来越弯，他越来越老了，却从来没有停止过对教育的热爱。

"国家兴亡，匹夫有责"，千千万万的劳动者正在为中国特色社会主义事业而奋斗，在平凡中彰显不凡，用实干成就梦想，中华民族的伟大复兴必将指日可待。

在2023年的新年贺词中，习主席说："北京冬奥会、冬残奥会成功举办，冰雪健儿驰骋赛场，取得了骄人成绩。"欲文明其精神，必先野蛮其体魄，体育强则中国强。

2022年的北京冬奥会，18岁的中国运动员谷爱凌备受关注，在决赛的关键时刻，她成功地做出了一个连自己都难以置信的难度动作，挑战对手的同时也挑战了自己的极限，最终，谷爱凌获得2金1银，成为冬奥会上首个参赛三项均登上领奖台的选手。同样激动人心的还有我们蒋官屯中心小学的女子篮球队，这是一支临时组建的篮球队，12名来自农村的女孩凭着奋勇拼搏的汗水、坚韧不屈的精神，在聊城市第一届中小学生体育联赛篮球比赛中取得了第三名的好成绩，绽放出她们璀璨的光芒。

今天的中国，迎接着前所未有的机遇，也面临着前所未有的挑战，但坚韧不拔、勇往直前的体育精神始终激励着一代又一代的追梦人，永不放弃、永不言败、永不低头。

十年来，我们不断地在贺词中寻找力量、获得启迪，"不驰于空想，不骛于虚声"，"征途漫漫，惟有奋斗"，"人不负青山，青山定不负人"，这些话语一次次在全社会凝聚起磅礴的力量，汇聚成新时代中国昂扬奋进的洪流。

当2023年新年的钟声敲响，我们又迎来朝气蓬勃、充满希望的新一年，当2023年的阳光普照，我们意气风发，踏上新一年的奋斗之路，踔厉奋发，勇往直前，就像贺词里说的："我们都在努力奔跑，我们都是追梦人"。

保持前进的姿态

聊城市妇联　王云

　　大家好，我是王云，今天我要宣讲的题目是"保持前进的姿态"。说到这，大家可能会心生疑问：前进的姿态是什么呢？是迎风奔跑？还是鱼跃俯冲？其实啊，在我看来，对于九千多万的共产党人来说，前进的姿态是"闯"、是"冲"、是"干"，是不懈奋斗、勇敢向前。

　　2021年，习近平总书记在庆祝中国共产党成立100周年大会上这样说道："一百年来，我们取得的一切成就，是中国共产党人、中国人民、中华民族团结奋斗的结果。"实现伟大梦想、成就伟大事业，离不开顽强拼搏、不懈奋斗。这既是对党的历史经验的深刻总结，也是对我们党未来发展壮大发出的动员令。

　　回顾恢宏壮阔、荡气回肠的百年岁月，我们的党从小到大、从弱到强，从带领人民燃起革命的星星之火到成立伟大的中华人民共和国，从带领全国人民奋勇改变贫穷落后到闯关夺隘推进社会主义现代化建设，从开启波澜壮阔的改革开放帷幕到推动中国特色社会主义进入新时代……"不屈不挠、顽强拼搏"的奋斗精神从未改变，并成为无数共产党人的鲜明标识，他们用自己的行动诠释着"什么是前进的姿态"，这其中有革命先烈，有先进楷模，也有新时代的平凡英雄，在他们身上都始终保持着一个共同的信仰：为实现理想目标不断前进。

坐落于东昌湖畔的聊城市革命烈士纪念馆内矗立着这样一座雕像，她就是鲁西北第一位女共产党员——朱华亭。朱华亭，于1906年出生在阳谷县安乐镇的一个农民家庭，在五四运动的影响下接受了民主革命思想，成为镇上第一个放脚、剪辫子的女学生。1926年朱华亭加入中国共产党后，被上级派到上海杨浦一带，以教师的身份掩护，从事工运工作。她化名王世英，深入工厂基层，创办工作夜校，给工人上课，讲解国内形势和工人阶级的任务，用自己弱小的身躯传播了党的思想，在革命年代"闯"出了一片新天地，为革命胜利贡献了巾帼力量。

历史川流不息，精神代代相传。时间来到2023年4月3日晚，山东省"齐鲁时代楷模"发布仪式的现场，现任高唐县农业农村局四级调研员、高级农艺师，"杜立芝党代表工作室"学雷锋志愿服务团队队长、杜立芝科技服务团队队长，同时还是党的十八大、十九大、二十大代表的杜立芝被授予"齐鲁时代楷模"称号。然而，面对荣誉杜立芝却说："不管有多少荣誉、多少头衔，我永远都是一名农技服务人员，这就是我的本分，为农民排忧解难就是我最重要的工作。"一生只为一事来，杜立芝用她的38年基层农技工作践行了这句话，老百姓口中的"杜站长"也真正地帮助农民"把泥土变成了黄金"，把论文写在了大地上。

40多年改革不息，70多年长歌未央，100多年伟大征程，从开启新纪元到跨入新时期，从站上新起点到进入新时代，我们党始终奋斗不息。无论是

革命时期的英雄先烈，还是新时代的先进楷模，他们都用实践证明，奋斗是中华民族的强大基因，是共产党人的精神底蕴，也是推动中国革命、建设、改革事业不断前进的强大动力。

"伟大梦想不是等得来、喊得来的，而是拼出来、干出来的。"奋斗是一种姿态，也是一种精神，它需要真抓实干，一步一个脚印，默默耕耘。正如习近平总书记指出："全面建成小康社会要靠实干，基本实现现代化要靠实干，实现中华民族伟大复兴要靠实干。"无论是立足当前，还是谋划长远，"奋斗""实干"永远是保持前进姿态的最强内核。

"为有牺牲多壮志，敢教日月换新天。"一百多年来，一代又一代中国共产党人，为赢得民族独立和人民解放、实现国家富强和人民幸福，前仆后继、艰苦奋斗、无私奉献，谱写了气吞山河的英雄壮歌，他们用闯劲、冲劲、干劲，鼓励着更多的共产党员去做新时代的奋斗者。

2022年，党的二十大胜利召开，这是我们党进入全面建设社会主义现代化国家、向第二个百年奋斗目标进军新征程的重要时刻。我们这一代青年人见证了党和祖国的伟大，也深知使命在肩、责任重大，唯有不忘初心、牢记使命、赓续奋斗精神、永葆不懈奋斗的前进姿态，以青春之梦，筑信仰之基，才能在全面推进中华民族伟大复兴的新征程上乘风破浪、行稳致远。

从党的创新理论中汲取奋进力量

茌平区振兴街道中心小学　董培培

　　早在烽火连天的革命战争年代，毛泽东同志就指出："如果我们党有一百个至二百个系统地而不是零碎地、实际地而不是空洞地学会了马克思列宁主义的同志，就会大大地提高我们党的战斗力量。"在党的百年历史教科书中，我们不仅可以重温共产党人为初心而奋斗的感人故事、为使命而拼搏的精神血脉，而且可以从党的创新理论中汲取迈进新征程、奋进新时代的强大力量。

　　从党的创新理论中汲取信仰力量。坚定的理想信念，始终是中国共产党人安身立命的根本，而中国共产党人的理想信念建立在对马克思主义的深刻理解之上、建立在对历史规律的深刻把握之上。只有在学习党史中深化对党的创新理论的把握，才能搞清楚中国共产党为什么"能"、马克思主义为什

么"行"、中国特色社会主义为什么"好"等重大命题，从而解决好"总开关"问题，练就钢筋铁骨、筑牢精神家园、坚守初心使命，让我们的信仰、信念、信心坚如磐石。

从党的创新理论中汲取真理力量。从"枪杆子里面出政权"的著名论断，到"贫穷不是社会主义，社会主义要消灭贫穷"的真知灼见，再到"实现中华民族伟大复兴是近代以来中华民族最伟大的梦想"的科学揭示，正是在充满真理性的党的创新理论指引下，党由小小红船成为巍巍巨轮，国家历经开天辟地、改天换地、翻天覆地的历史巨变，中华民族迎来从站起来、富起来到强起来的伟大飞跃。全面建设社会主义现代化国家，实现中华民族伟大复兴，仍然需要我们增强思想建党、理论强党的政治觉悟，从党的创新理论中汲取真理的深厚伟力，赢得下一个党的百年征程新辉煌。

从党的创新理论中汲取实践力量。如何在"两个大局"当中继续进行具有许多新的历史特点的伟大斗争，如何充分彰显党的领导和中国特色社会主义制度的优越性，如何促进人的全面发展和社会全面进步，如何在四大考验、四种危险面前，推进新时代党的建设，新的伟大工程。答案就在以人民为中心、以问题为导向的党的创新理论之中。全国优秀共产党员耿遵珠"让村民利益最大化"的事迹红动齐鲁。引进新品种，聘请技术员，钻大棚，搞培训，建高标准大棚，制定帮扶贫困制度……掀开耿店村的发展篇章，一串串数字、一段段故事，无不彰显了耿遵珠开拓思路谋发展的决心。全面准确掌握新常态下经济发展方面的新理念新思想新战略，才能更深刻把握经济社会发展的内在逻辑，更坚定披荆斩棘、一往无前的信心决心，书写让世界刮目相看的新奇迹。

悠悠历史长河，辉煌百年党史。一个个在中国大地上生长起来的党的创新理论，丰富着马克思主义的理论宝库，照耀着党和人民事业的伟大航程。在学懂弄通做实上下功夫，在学深悟透笃行上见真章，党的创新理论必将拓宽我们认识世界的宽广眼界，必将赋予我们实现中华民族伟大复兴的无穷力量！

党在我心中的样子

阳谷县第一初级中学　颜春倩

从小爷爷对我说，没有共产党就没有新中国……2024年是中国共产党成立103周年，也是我入党的第9年，虽然我没有经历过战火连天的新民主主义革命时期，也没有经历过一穷二白的社会主义革命和建设时期，但是我却见证了中国特色社会主义新时代的丰硕成果。我牢牢记住爷爷的话，没有共产党就没有新中国。

共产党，到底是什么样子呢？她应该是有信仰、有情怀、有担当、有作为的。

有信仰，就是有坚定的理想信念。1921年8月初，在嘉兴南湖的一艘画舫中，十几名来自全国各地的青年，怀揣着为人民谋幸福，为民族谋复兴的梦想，围在船中央的八仙桌旁，通过了《中国共产党第一个纲领》和《中国

共产党第一个决议》，并庄严宣告了中国共产党的诞生。此后，这支队伍越来越大，他们穿过风雨阴霾，穿越重重关卡，书写出中国改天换地的壮丽史诗。习近平总书记指出："中国产生了共产党，这是开天辟地的大事变。这一开天辟地的大事变，深刻改变了近代以后中华民族发展的方向和进程，深刻改变了中国人民和中华民族的前途和命运，深刻改变了世界发展的趋势和格局。"我想，那时，他们洒热血砺初心，始终相信光明到来的信念，这就是党的样子。

有情怀，就是坚持以人民为中心，用实际行动回应人民群众的期盼。这位朴素慈祥的女性，是"齐鲁时代楷模"杜立芝。她每年有三分之二的时间奔走在田间地头，每年接听热线电话6000多个，撰写技术日记380余万字，培训农民5000多人次，帮助百姓解决技术难题2万余个，为全县增收4000多万元。她把群众当亲人，不惧严寒酷暑，不管白天黑夜，群众随叫随到。由于常年风吹日晒，她不在乎穿衣打扮，有人笑她"土"，她说："我为这个'土'字感到自豪，因为我就是要把根扎在泥土里，帮助农民把泥土变成黄金。"我想，她全心全意为人民服务的形象，这就是党的样子。

有担当，就是敢于在急难险重任务面前挺身而出，随时准备为党和人民牺牲一切的献身精神。2020年春，新冠疫情发生，面对无数的恐慌和焦虑，山东省省立医院临床医学检验专家白晓卉，却选择了向"疫"逆行。在北京，她创造出48小时改造核酸检测室的"山东速度"；在新疆，她培训了一支带不走的新冠核酸检测队伍；在河南，她迅速提高检测效率、改善工作流程；在威海，作为省直支援威海核酸检测队队长，她每天四个班次不间断检测……然而，就在威海的疫情传播风险得到有效控制时，她却永远倒在了疫情防控最前线。她曾说："我是党员，只要祖国需要，我随时冲锋！"她说到了，也做到了。我想，像白晓卉这种勇敢逆行、担当奉献的行为，这就是党的样子。

有作为，就是把对祖国的热爱体现在每一滴奋斗的汗水中、每一步前进的足迹里。他自称是一艘从沂蒙山区驶出的小船，他率领团队首次实验观测到量子反常霍尔效应；在异质结体系中发现界面增强的高温超导电性，开启了国际高温超导领域的全新研究方向。25年前，他拒绝国外的高薪邀请，毅然回国，带领团队分秒必争、不懈钻研，勇闯科学无人区，在解决受制于人的重大瓶颈问题上担当作为，用一个个重量级科学发现，助力我国量子科学研究跻身世界第一梯队。他就是国家最高科学技术奖得主——薛其坤。他常说，"人活一辈子要有一点志气，就是我不能负这个时代。""要为国家的强大做点贡献！"我想，像薛教授这种一寸丹心图报国的奔赴，就是党的样子。

我们的中国共产党在黑暗中诞生。无数共产党人不忘初心、不移其志，为党的事业勇往直前、顽强奋斗，使我们党在苦难中成长，在挫折中奋起，在奋斗中壮大，从一个只有50多名党员的组织，发展成为今天已经拥有9900多万名党员的世界第一大政党。她让山河破碎的中国走向强盛、让备受屈辱的民族走近世界舞台的中央。

新时代，强国建设、民族复兴的宏伟目标催人奋进。习近平总书记说："要自觉做勇于担当作为的不懈奋斗者，锐意改革创新，敢于善于斗争，愿挑最重的担子、能啃最硬的骨头、善接烫手的山芋，在直面问题、破解难题中不断打开工作新局面。"

作为新时代的共产党员，我们应时刻牢记总书记嘱托，不忘初心，学习英模榜样，在实现中华民族伟大复兴新的长征路上继续书写大党芳华。这，就是我们党在百姓心中的样子。

学党纪、明规矩、强党性

——从三个维度理解党纪学习教育的重要性

临清市魏湾镇人民政府　何梦栩

中共中央办公厅印发了《关于在全党开展党纪学习教育的通知》，要求自2024年4月至7月，在全党开展党纪学习教育。"加强纪律性，革命无不胜。"纪律严明是中国共产党的光荣传统和独特优势，是我们党不断从胜利走向胜利的坚强保证。欲知平直，则必准绳；欲知方圆，则必规矩。今天，我们从三个维度来谈一谈党纪学习教育的重要性。

一、从党的建设维度看，开展党纪学习教育是党永葆生机活力的基石

中国共产党是靠革命理想和铁的纪律组织起来的马克思主义政党。在长期的革命、建设、改革实践中，党栉风沐雨、历经坎坷，从小到大、由弱变强，发展成为世界第一大政党，靠的就是统一意志、统一行动、统一步调的严明纪律和规矩。

新时代，新征程，如何永葆党的生机活力，在新的赶考路上交出优异答卷？一颗苹果的故事里有答案。在辽沈战役纪念馆的英烈馆内，悬挂着一面"仁义之师"锦旗。锦旗记录着人民解放军钢铁纪律的故事。那是辽沈战役期间，锦州乡间的苹果已经熟了，行军路过的解放军战士虽然饥渴难耐，但都自觉遵守纪律规矩，一个苹果都没有摘。"仁义之师"赢得了民心，东北人民全力支援，辽沈战役拼出胜利。2022年初秋，党的二十大开幕前两个月，习近平总书记在辽宁考察的第一站便是辽沈战役纪念馆，面对"仁义之师"的锦旗，他意味深长地指出："毛主席说'不吃是很高尚的，而吃了是很卑鄙的，因为这是人民的苹果。'这样的苹果，我们现在也不能吃。"

观滴水，知沧海。小小苹果的故事里有中国共产党人传承百年对纪律的敬畏。在今天，加强党纪学习教育，作为纵深推进全面从严治党、营造风清气正政治生态的基础性工作，是践行党的初心使命、永葆青春活力的基石。

二、从国家发展维度看，开展党纪学习教育为民族复兴伟业保驾护航

党的纪律是党的各级组织和全体党员必须遵守的行为规则，是维护党的团结统一、完成党的任务的保证。党的二十大擘画了全面建设社会主义现代化强国、以中国式现代化全面推进中华民族伟大复兴的宏伟蓝图。这一开创性事业，战略机遇并存、风险挑战交织。

我们党要如何凝聚起亿万群众同心共筑中国梦的力量呢？党的群众纪律里有答案。1922年，党的二大制定的《关于共产党的组织章程决议案》提出，"我们既然是为无产群众奋斗的政党，我们便要'到群众中去'，要组成一个大的'群众党'"。这是目前已知党的决议中最早提到群众概念和党群关系问题的文件。1927年，毛泽东在井冈山宣布了三条纪律，次年又在遂

川宣布了"六项注意",后来发展为我们熟知的"三大纪律八项注意"。"三大纪律八项注意"共十一项内容,其中有八项是关于群众纪律的规定。1934年1月,毛泽东在第二次全国工农兵代表大会上指出,"要得到群众的拥护吗?""就得和群众在一起,就得去发动群众的积极性,就得关心群众的痛痒,就得真心实意地为群众谋利益,解决群众的生产和生活的问题,盐的问题,米的问题,房子的问题,衣的问题,生小孩子的问题,解决群众的一切问题。"谁把人民放在心上,人民就把谁放在心上。"最后一碗米送去做军粮,最后一尺布送去做军装,最后一件老棉袄盖在担架上,最后一个亲骨肉送去上战场"。这首战争年代广为传唱的民谣,就是我们团结凝聚群众最终取胜的生动体现。

民心是最大的政治。现如今,加强党纪学习教育,就是要发扬彻底的自我革命精神,以党的自我革命引领社会革命,为推动国家治理体系和治理能力现代化提升,凝聚起同心共筑中国梦的伟大力量保驾护航。

三、从个人成长维度看,开展党纪学习教育是党员立身修身安身之本

党员是党的肌体的细胞,党的先进性要靠党员的先进性来体现。我们每名党员在入党时都面对党旗进行了庄严宣誓,自觉接受党的纪律约束成为烙印在党员一生中的责任。这不仅是约束,更是保护,是我们在政治生活中的立身之本、修身之要、安身之基。

然而现如今随着年轻干部不断走上领导岗位,腐败低龄化的趋势不容小觑。与以往《忏悔录》中"晚节不保"的落马老官员不同,现如今一些年轻干部刚提拔就腐败、一有权就忘形,年轻、巨贪成为他们真实的写照,从政之路"第一粒扣子"没有扣好导致"早节不保"。无数反腐案例证明,党员"破法"无不始于"破纪"。走好人生路,必须算好人生七笔账:政治账、经济账、名誉账、家庭账、亲情账、自由账和健康账。干净做事清白做人,守住底线不逾规。

学而后思明方向，思而后行践真知，学党纪、明规矩、强党性是摆在每位共产党员面前必修的课题。我们要以专题"研学"、以案"促学"、以训"助学"、日常"融学"为抓手，搞清楚党的纪律规矩是什么，弄明白能干什么、不能干什么，从而在学纪上做到高度自觉、在知纪上做到准确把握、在明纪上做到界限分明、在守纪上做到令行禁止，在筑牢"防火墙"、绷紧"纪律弦"中奋力担当作为、书写无悔人生！

争做新时代孔繁森式的好干部

孔繁森精神教学基地　齐风锐

　　党的十八大以来，习近平总书记多次强调要继续发扬特别能吃苦，特别能战斗，特别能忍耐，特别能团结，特别能奉献的老西藏精神。孔繁森精神首先体现的就是老西藏精神，2021年孔繁森精神成为第一批中国共产党人精神谱系的重要组成部分，足以彰显其重要性。那么，今天我就来给大家讲一讲孔繁森精神的科学内涵。

特别能吃苦

　　1979年孔繁森第一次援藏，组织决定改派他到海拔更高、条件更艰苦的边境县岗巴担任县委副书记，当问他有什么困难的时候，他说我是党的干部，服从组织安排。1988年孔繁森第二次援藏时家里有不少的困难，当问他有什么困难的时候，他说我不去，总得有人去，谁家又没有困难呢？孔繁森生活非常节俭，衣服破了缝缝补补接着再穿，去世后他的口袋里只有8块6毛钱，这就是一个地委书记全部的家当。孔繁森说："青年人哪能怕吃苦？咬咬牙坚持一段，习惯了就好了。"孔繁森就是这样吃苦在前，享受在后，而新时代极个别的干部在党组织安排的工作面前犹犹豫豫、想这想那，不能很好地践行吃苦精神。我们要学习孔繁森精神，肯吃苦，不怕累，圆满完成组织交给的各项工作，做新时代孔繁森似的好干部。

特别能战斗

在拉萨，孔繁森不到四个月的时间就跑遍了全地区所有的公办小学和一半以上的村办小学，为民族地区的教育事业奔波操劳。在阿里，全地区106个乡他走遍了98个，茫茫雪域高原到处都留下了他的足迹。都说中国共产党人是一群用特殊材料制成的人，孔繁森在西藏工作取得那样大的成绩，原因也在于他的创新实干精神。

特别能忍耐

援藏前，孔繁森请人写下"是七尺男儿生能舍己，作千秋鬼雄死不还乡"的壮语。入藏后，他用生命兑现了"青山处处埋忠骨，一腔热血洒高原"的诺言。离开舒适的环境、远离温暖的家庭、告别熟悉的工作，走向雪域高原，忍受身体的各种不适，在艰苦环境下干出不平凡的业绩，孔繁森在高原上三次历险和死神擦肩而过，但他依然坚持，完成组织交给的各项工作。如今一批批援藏干部正与西藏各族干部群众一起，诠释着"老西藏精神"，为雪域高原发展作出新贡献。

特别能团结

在西藏，民族团结工作非常重要，关系到汉藏民族的关系。在阿里有一位旦增旺扎活佛，他不仅佛教造诣颇深而且是一位有名的藏医学家，为了解

决他下乡看病不便的问题，孔繁森专门为他配备了专车并扩大了藏医院。孔繁森就是这样模范地践行党的民族宗教政策。他和旦增旺扎活佛等一批宗教人士结为挚友，引导他们爱国爱党，发挥他们的积极作用。孔繁森善于团结一切可以团结的力量，为争取民心做了大量工作。

特别能奉献

孔繁森有一个小药箱，在西藏一路边工作边看病发药，直到小药箱发空了为止。他在地震废墟上收养了三个藏族孤儿，为了补贴家用，他来到西藏军区总医院卖血。在抗击雪灾中，孔繁森写下了遗书：万一我发生了不幸，不要让我的老母亲和妻子儿女知道，我在哪里发生了不幸就把我埋在哪里。孔繁森的奉献不是普通的奉献，而是牺牲型的奉献，是最高级的奉献，他把生命都交给了党和人民的事业。习近平同志说，要学习孔繁森同志的境界感，他有一句名言，一个人爱的最高境界就是爱人民。我们要敢于担当，努力奉献，做新时代孔繁森式的好干部。

"一个人做点好事并不难，难的是一辈子做好事。"虽然"难"，但孔繁森做到了。习近平总书记指出："像领导干部的好榜样焦裕禄、孔繁森、郑培民等英模人物那样，做一个亲民爱民的公仆，做一个忠诚正直的党员，做一个靠得住、有本事、过得硬、不变质的领导干部。"全体党员特别是各级领导干部，都应在思想上、工作上经常对照孔繁森同志的精神与事迹，务必扣好扣子，走好路子，打好底子，挑好担子，使自己经得起各种考验和挑战，在新时代中国特色社会主义的伟大征程中，向党和人民交出一份合格的答卷。

在新征程上弘扬伟大斗争精神

中共阳谷县委党校　王亚莉

党的二十大报告中，"斗争"和"伟大斗争"作为报告关键词共出现22次。而且在"三个务必"当中明确提出务必要"敢于斗争、善于斗争"，还将"发扬斗争精神，增强斗争本领"写入党章。

一、什么是斗争精神

在江苏省徐州市草桥镇堰头村有这样一座桥，一座用血肉之躯架起的桥梁。1948年淮海战役打响后，解放军各部队奉命追击国民党黄百韬兵团，当追击到沂河时，被河水拦住了道路。眼看河对岸的敌人已经开始逃跑，战士们来不及多想，抓起两架梯子，两人一组肩扛梯子当桥梁，最终500余名战士顺利过桥。架桥的10名战士在只有4℃的河水里站了足足75分钟。我想，

在危机困难面前不畏风险、挺身而出，这就是斗争精神。

从党的十八大以来，我们党深入推进党风廉政建设和反腐败斗争，取得压倒性胜利。在去年，全国纪检监察机关共处置问题线索154万件，谈话函询32.5万件次，立案59.6万件，处分59.2万人，这一个个数字就充分说明反腐败持续保持高压态势，有腐必反、有贪必肃的决心，我想在歪风邪气面前敢于坚决斗争，这就是斗争精神。

在中国有这么一个地方被称作"蓝厅"。在蓝厅有这么一群人，被亲切地称为中国外交天团，他们始终以坚定的中国立场向国际发声，使中国能更稳地站在世界舞台的中央。比如会说11种语言，被公认为最有才华的外交官汪文斌，当面对外国政客对我国的污蔑和一系列涉台问题时，他铿锵有力地进行回击；还有在外交发言台上积极宣介中国外交立场、主张，坚定捍卫国家利益和尊严，有着"耿言爽语"之称的耿爽；还有在面对外媒辱华时，用犀利的语言站在国家立场上怒怼一切质疑声的"战狼外交"赵立坚。他们在大是大非面前敢于亮剑，面对西方国家无端抹黑，坚定回击，有力地维护国家利益，我想这就是斗争精神。

还有请人写下"是七尺男儿生能舍己，作千秋鬼雄死不还乡"，把爱洒在西藏大地上的孔繁森；还有手机24小时"开机"，只要群众有需要她天天"在岗"，被称为"问不倒的土专家"的杜立芝，她用几十年如一日的守候诠释着如何当好"田保姆"；还有为了扶贫事业献出宝贵生命的黄文秀，等等。我想在各自岗位上不畏困难，勇于争先，这就是斗争精神。

二、新时代如何弘扬斗争精神

党的二十大报告中提到，从现在起，中国共产党的中心任务就是团结带领全国各族人民全面建设社会主义现代化强国、实现第二个百年奋斗目标，以中国式现代化全面推进中华民族伟大复兴。现在我们比历史上任何一个时期都更加接近、更有能力去实现中华民族伟大复兴。但是行百里者半九十，实现中华民族伟大复兴绝不是轻轻松松、敲锣打鼓就能实现的，我们共产党人依靠斗争创造历史，也必然要依靠斗争赢得未来。因此我们要做到：

坚持党的领导。这是弘扬斗争精神的基本前提。办好中国的事情，关键在党。没有中国共产党，就没有新中国，就没有中国特色社会主义，更不会有中华民族伟大复兴的光明前景。新征程上，我们要始终不渝坚持党的领导，统一思想，在党的领导下敢于斗争、善于斗争，开创党和国家事业的新局面。

紧紧依靠人民。这是弘扬斗争精神的基本立场。建设中国式现代化，这是一项前无古人的开创性事业，我们遇到的困难比过去会更加艰险，要解决的矛盾和问题会更为尖锐，因此我们要始终保持和人民群众的血肉联系，依靠人民进行斗争，才能在新的赶考路上取得骄人成绩。

坚持正确科学方法。这是弘扬斗争精神的基本要求。从建立新中国的"进京赶考"到引领新时代的"赶考之路"，越是艰险复杂，党越要增强斗争本领，坚持正确科学的方法，敢于斗争、善于斗争，才能在新时代的大考中经受考验，努力交出无愧时代、人民满意的优异答卷。

"踏平坎坷成大道，斗罢艰险又出发"，我们青年人当自觉肩负起民族复兴的历史使命，继承先辈们的斗志，赓续红色血脉，踔厉奋发，勇毅前行，不断锤炼斗争精神和斗争本领，来迎接新时代的伟大斗争，不断夺取新的更大胜利！

青春逢盛世　奋斗正当时

茌平区商务和投资促进局　赵彩凤

　　在纪念五四运动100周年大会上，对青年寄予厚望的习近平总书记深刻指出："五四运动以来的一百年，是中国青年一代又一代接续奋斗、凯歌前行的一百年，是中国青年用青春之我创造青春之中国、青春之民族的一百年。"青年兴则国家兴，青年强则国家强。青年一代有理想、有本领、有担当，国家就有前途，民族就有希望。

　　回望历史，中华民族的每一步进取、每一次前行，都凝聚着一代又一代人的家国情怀和热血忠诚。100多年前的五四运动，在中华民族生死存亡的危急时刻，一群热血青年誓言"国土不可断送、人民不可低头"，奏响了浩气长存的爱国主义壮歌，孕育了以爱国、进步、民主、科学为主要内容的五四精神。1934年11月，陈树湘在成功掩护红军主力抢渡湘江后，落入敌手。他趁敌人不备，忍着剧痛，从伤口处掏出肠子用力绞断。陈树湘实现了"为苏维埃新中国流尽最后一滴血"的豪迈誓言，将青春与生命永远地定格在29岁。1952年年初，在抗美援朝战场上，中国人民志愿军铁道兵团第一师第一桥梁团三营九连，担负着抢修百岭川大桥的艰巨任务，全连官兵以血肉之躯、顽强意志创建了一条"打不烂、炸不断的钢铁运输线"，使志愿军军需物资源源不断地运向前方，保证了著名的上甘岭战役的胜利。近20万名年轻的中华英雄儿女，把热血抛洒在那片金达莱盛开的土地上。他们中，有28岁的杨根思、26岁的邱少云、21岁的黄继光……

习近平总书记说过："党的队伍中始终活跃着怀抱崇高理想、充满奋斗精神的青年人，这是我们党历经百年风雨而始终充满生机活力的一个重要原因。"武汉疫情，新时代青年白衣为甲，逆行出征；郑州暴雨，新时代青年筑起防洪墙，与洪水较量；北京冬奥，新时代青年在寒冷的冬夜轮班值守；重庆山火，新时代青年冒着危险运送物资。

而在我们身边也有这样一群敢于有梦、勇于追梦、勤于圆梦的年轻人，他们活跃在田间地头，在乡村振兴的大舞台上建功立业，他们就是习近平总书记点赞的耿店村"棚二代"！过去的耿店村蔬菜大棚从事人员老、产业规模小、硬件设施旧，脱贫攻坚任务繁重。但是，在大量年轻的"棚二代"回归后，耿店村重获新生，一座座高标准大棚拔地而起，智能温控、无土栽培等新技术快速应用，耿店村从一个贫穷落后的"烂杆村"，成为总书记口中的"鲁西小寿光"！"棚二代"们正在用自己的实际行动吹响鲁西大地乡村振兴的嘹亮号角。

如今，站在新的历史起点上，作为新时代青年，我们应该怎么做才能为强国建设、民族复兴发挥先锋作用呢？通过学习党的二十大精神，我找到了答案。

第一，要锤炼初心，锻造"想干事"的理想信念。理想信念是中国共产党人的精神支柱和政治灵魂。延安时期，很多热血青年"打断骨头连着筋，

扒了肉皮还有心，只要还有一口气，爬也要爬到延安城"，靠的就是坚定的理想信念。"心有所信，方能行远"，要始终铭记"我是谁、为了谁""从哪里来、往哪里去"，才能沿着正确方向奋勇前进、行稳致远。

第二，要淬炼匠心，锤炼"能干事"的青春本领。从"一叶红船"到"巍巍巨轮"，是无数奋斗者用自己的担当成就了我们今天的幸福。如今的我们站在巨人的肩膀上，更应该努力奋斗，以匠心致敬初心，让实干成为"标配"、让创新成为"共识"，立足岗位、强化学习，不断锤炼"能干事"的青春本领。

第三，要修炼信心，亮出"干成事"的奋斗底气。底气来于自信，百年的浴血拼搏，创造的伟大成就正是我们的自信之源。今天的中国已成为世界第二大经济体，第一大工业国、货物贸易国、外汇储备国……这些都是我们新时代青年的底气之源，力量之基。我们要时刻保持"本领恐慌"的危机感，发扬"挤"和"钻"的精神，坚持干什么学什么、缺什么补什么，在经风雨、见世面中壮筋骨、长才干，练就干事创业、担当作为的硬脊梁、铁肩膀、真本事。

温室大棚养不出参天大树，风雪磨砺才能成就松柏挺立。新时代赋予新使命，新征程呼唤新作为，新时代中国青年当以高远志气立心、浩然骨气立命、深厚底气立业，在实现中华民族伟大复兴的征程上"自找苦吃"、努力奋斗，谱写出壮美的青春华章！

深刻把握新质生产力的突出特性

聊城经济技术开发区宣传办　付倩倩

2024年5月，习近平总书记在山东考察时指出："山东在推进科技创新与产业创新深度融合、发展新质生产力、完善现代化产业体系上大有可为。"这为山东发展指明了前进方向、提供了根本遵循。深刻把握新质生产力的突出特性，对于全面贯彻新发展理念、统筹发展和安全具有重要意义。

首先，新质生产力具有创新驱动特性

科技是第一生产力，创新是第一动力，新质生产力的核心特征是科技创新。

在河北雄安，"5G+北斗"定位导航技术，将2万千米高空的信号引入地下12米，建设成本只需传统技术的一半；在河南郑州，哈工大郑州研究院

"种出"纳米金刚石,既可做生物皮肤,又可应用于下一代芯片;在山东聊城,乖宝宠物集团与菜鸟集团共同打造的工厂智慧园区,系统实现毫秒级处理数据,自动化程度得到大幅提升……

随着新一轮科技革命的迭代升级与突破,科技在生产力构成要素中的主导作用将愈发突出。人工智能、元宇宙等前沿技术的攻克和使用,将加速驱动形成新产业新业态新模式,推动人类社会大跨步迈入新的发展阶段。

其次,新质生产力具有绿色低碳型特性

习近平总书记指出:"绿色发展是高质量发展的底色,新质生产力本身就是绿色生产力。"

在绿色转型强劲需求的带动下,我国相关行业创新能力和产业实力大幅提升。建成全球最大、最完整和最具竞争力的清洁能源产业链,光伏组件产量连续16年位居世界首位;第三代核电项目顺利推进,AP1000、"华龙一号"首堆并网发电;新能源汽车产销量连续9年位居全球第一,去年5月,吉尔吉斯斯坦总统扎帕罗夫亲自到中通客车现场提车……

新质生产力基于生态就是资源、生态就是生产力的新生产力观,保护生态环境就是保护生产力,改善生态环境就是发展生产力。这一发展理念展现的是人与自然和谐共生的发展能力,是促进"绿水青山就是金山银山"的能力,是一种保护性的生产力,这是对传统生产力的突破性超越,也是生产力理论的新拓展。

再次,新质生产力具有开放融合特性

以开放促改革、促发展,是我国发展不断取得新成就的重要法宝,是推动我国生产力进步的重要机制。

在加强政府间科技合作方面,我国与160多个国家和地区建立科技合作关系,签订了114个政府间科技合作协定;在参与全球创新治理方面,我国参与国际热核聚变实验堆、平方公里射电望远镜等近60个国际大科学计划和大科学工程；在推动对外科技合作交流方面，我国研究设立面向全球的科学研究基金，促进全球知识共享……

中国的发展离不开世界，世界的发展也离不开中国。我们要坚持"引进来"和"走出去"相结合，积极融入全球创新网络，全面提高我国科技创新的国际合作水平。我们要坚持开放包容，拆除一切阻碍生产力发展的藩篱，让资金和技术更自由地流动，实施更加开放的创新人才引进政策，聚天下英才而用之。

最后，新质生产力具有人本内蕴特性

人是人类社会的主体，生产力演进的终极目标是满足人民群众对美好生活的需求。

在山西，文旅数字体验馆依托人工智能、全息成像等新技术手段，让游客可以游三晋山河、览古今人文；在深圳，无人机通过精准定位系统将外卖投入外卖柜中，顾客自助拿取，给群众带来了极大的便利；在四川，育秧中心全程采用机械化、智能化流水线培育方式，只需3天左右时间，秧苗便可破土而出……

随着经济社会的发展，人民美好生活需要的内涵与外延日趋丰富，涵盖物质文明、精神文明、生态文明等各个层面。因此，新质生产力的质量导向必然内含人本属性，强调的是生产力的内在质量和以人为本的发展理念，这不仅仅体现在物质资源和技术能力的提升上，更体现在人的全面发展、创造性以及生产过程中的人文关怀和社会责任上。

以上四个突出特性，是一个有机整体，相互关联、相互作用、相互耦合，共同构筑了新质生产力区别于传统生产力的鲜明标识，为我们深刻理解新质生产力指明了方向。在新的起点上，只要坚定不移加快发展新质生产力，开掘高质量发展的强大动力源，我们就一定能赢得主动、赢得优势、赢得未来。

深刻把握习近平文化思想的五个鲜明特征

茌平区退役军人事务局　王晶

　　"一时之强弱在力，千古之胜负在理。"一个民族要始终走在时代前列，就必须有科学理论的指引。2023年正式提出的习近平文化思想，作为习近平新时代中国特色社会主义思想的文化篇，有着守正创新的发展特征、人民至上的人本特征、系统思维的辩证特征、自信自立的引领特征以及胸怀天下的开放特征。

　　深刻理解习近平文化思想的这五大鲜明特征，对于在新的历史起点上继续推动文化繁荣、增强文化自信具有重要的现实意义和深远的历史意义。

一、习近平文化思想守正创新的发展特征

对文化建设来说，守正才能把握方向，创新才能引领时代。正是在守正、创新的双向驱动下，习近平文化思想不断展开，在社会主义文化建设的实践中发展成为内涵丰富的科学理论体系。

甘肃敦煌研究院与腾讯联合打造"数字藏经洞"，精美的画面、沉浸式的互动体验，让广大民众深度欣赏敦煌石窟艺术的精妙与璀璨；河南卫视精心打造的《唐宫夜宴》《元宵奇妙夜》等系列文旅项目，实现了传统与现代的融合，掀起了文化自信的高潮……

习近平文化思想顺应中国特色社会主义文化发展的历史趋势，持续推动文化繁荣、建设文化强国，充分体现了守正创新的发展特征。

二、习近平文化思想人民至上的人本特征

文化即"人化"。党的文化工作的出发点和落脚点是满足人民的文化需求。

党领导人民创作的《我和我的祖国》《觉醒年代》《长津湖》等影视作品，不仅讴歌了人民英雄，而且增强了人民群众对党和国家的高度认同。全国建成公共图书馆3300个，文化馆和博物馆超1万家；所有公共图书馆、文化馆、美术馆、综合文化站和90%以上博物馆免费开放……一系列"硬核"数据，彰显我国文化"软实力"的提升，也彰显文化建设以人民为中心的价值旨归。

以习近平同志为核心的党中央，坚持文化发展为了人民、文化发展依靠人民、文化发展成果由人民共享，充分体现了习近平文化思想以人民为中心的人本特征。

三、习近平文化思想系统思维的辩证特征

中国特色社会主义文化建设是一项系统工程，习近平文化思想作为这一

工程建设的指导思想，也是一个逻辑严密、全面系统的科学理论体系。

党的十八大以来，习近平总书记立足"两个大局"，将新时代文化建设置于"五位一体"总体布局和"四个全面"战略布局中进行统筹思考与战略谋划，将文化自信列入"四个自信"体系中，将文化发展与中国式现代化和强国建设、民族复兴有机联系起来，对于加快建设社会主义文化强国等重大战略问题进行了整体性思考。

"守"与"创"、"古"与"今"、"中"与"外"联结交织、融会贯通，充分彰显了习近平文化思想的辩证特征。

四、习近平文化思想自信自立的引领特征

中华文明在五千多年发展史中生生不息，成为当今世界唯一没有中断而延续至今的文明，靠的就是自信自立。

"以古人之规矩，开自己之生面。"《典籍里的中国》《寻古中国》等一批现象级精品节目，以时代精神激活优秀传统文化生命力；从中华文化资源宝库中汲取养分，体现传统文化内涵的文艺精品和创意文化产品不断涌现；我国入选联合国非遗的项目增加至43个，持续位居世界第一。

自信自立是中华文化的独特优势，也是在世界文化激荡中站稳脚跟必须坚持的宝贵精神，是习近平文化思想的精神标识。

五、习近平文化思想胸怀天下的开放特征

博采众长、兼收并蓄、开放包容是中华文化的突出特征。文明的繁盛、人类的进步，离不开求同存异、离不开开放包容。

玄奘西行、鉴真东渡、张骞出使西域、郑和七下西洋……回溯历史，中华民族曾经谱写了"万里驼铃万里波"的浩浩长歌，也曾经创造了"万国衣冠会长安"的盛唐气象。中华文明以海纳百川的开放姿态，融合外来文明，实现交流互鉴，使胸怀天下、开放包容成为中华文明亘古通今的鲜明立场。

习近平文化思想传承了中华民族的文化精神、文化胸怀和文化自信，其胸怀天下的思想特征体现了中华文明包容性、和平性等突出特性和中华文化天下一家的文化基因。

以上这五个鲜明特征，是对习近平文化思想的高度概括和总结，为我们深刻理解习近平文化思想指明了方向。在新的历史起点上，我们一定要坚定文化自信，更好担负起新时代新的文化使命，扎实推进中华民族现代文明和社会主义文化强国建设，铸就中华文明新的辉煌！

从"化中国"到"中国化"

——浅谈"第二个结合"何以必然

中共东昌府区委党校 张风范

　　1934年，长征途中的湘江战役可以称为红军史上最惨烈的战役，由于李德、博古"左"倾教条主义的错误指导，中央红军痛失渡江最佳时机，在30多万装备精良的敌军猛攻下，损失惨重，从8万6千余人锐减到3万多人，红五军团34师6000余人几乎全部牺牲，师长陈树湘腹部中弹昏迷被俘，醒来后自己扯断肠子英勇就义。经过4个日夜的决战，江水已被战士鲜血染红，从此，当地流传这样一句话"三年不饮湘江水，十年不食湘江鱼"。

　　这一严重失利，让党内越来越多的同志认识到，不能把马克思主义当教条，必须把马克思主义基本原理与中国具体实际相结合，推动马克思主义中国化。

自马克思主义传入中国后，它经历了一个"化中国"到"中国化"的过程。马克思主义"化中国"是指将马克思主义基本原理用于指导中国具体实践，它使中国革命面貌焕然一新，带来了新的政党、新的纲领、新的前途、新的革命联盟，改变了中国近代以来落后挨打的局面。而马克思主义"中国化"则是将中国具体实践上升到理论，以理论创新丰富马克思主义，使社会主义事业真正符合中国的国情和人民的利益。那么，马克思主义中国化的根本途径是什么呢？在革命战争时期，毛泽东同志提出"将马克思主义基本原理与中国具体实际相结合"，这一个结合推动了我们党革命、建设和改革的胜利。进入新时代，习近平总书记提出坚持把马克思主义基本原理同中华优秀传统文化相结合，这一个结合凸显了我们自身文化的时代价值。"两个结合"逐步递进、由浅入深，只有深刻把握"两个结合"的辩证关系，才能使马克思主义由"外在"变为"内在"，由"化中国"变为"中国化、时代化"。

从习近平总书记2021"七一"讲话到党的十九届六中全会、从党的二十大报告再到文化传承发展座谈会，"第二个结合"的提出和被赋予的时代使命凸显了它的紧迫性和必然性。

所以，"第二个结合"为什么是必然的呢？

首先，它是中国式现代化的必然选择。"西方式现代化"追求利益最大化，甚至侵犯他国利益。比如美国蓄意挑起俄乌冲突，对华科技封锁限制，这与我们中华民族的"义利观"、"大局观"背道而驰。中华优秀传统文化讲究天下为公、和合共生。中国式现代化突出共同富裕、讲求人与自然和谐共生，提倡美美与共的人类命运共同体。今天，"五个文明"协调发展的"中国样本"，创造了人类文明新形态，为发展中国家的现代化之路提供了可靠选择。

其次，它是马克思主义中国化时代化的必然方向。马克思主义作为产生于西方的"舶来品"，要想在中国扎根，必须与中华思想文化体系结合，而

中华优秀传统文化同马克思主义存在高度契合性。1925年，郭沫若写下一篇《马克思进文庙》的穿越文，让大胡子马克思与文庙里的孔夫子来了一场跨越时空的对话。经过一番长谈后，孔子不禁感叹："原来马克思的理想社会和我的大同世界竟是不谋而合。"正如习近平总书记强调："理论创新必须讲新话，但不能丢了老祖宗，数典忘祖就等于割断了魂脉和根脉，最终会犯失去魂脉和根脉的颠覆性错误。"可以说，"第二个结合"实现了科学社会主义与中华文明的有机统一。

最后，它是推动文化"两创"的必然要求。新的历史条件下，马克思主义赋予中华优秀传统文化新的时代内涵和现代表达，从而推动文化创造性转化和创新性发展，"两山"理论使老祖宗的天人合一思想更易实践，人民至上也是古代民本思想的新时代表达。回看我们周边，木版年画、东昌面塑、东昌葫芦等"山东手造"，以活态传承创新发展讲好聊城故事，弘扬中华美学精神。

绵延五千多年的中华文明是我们增强文化自觉、坚定文化自信的强大底气。新时代的中国共产党人要为处在百年未有之大变局中的世界提供中国智慧、中国力量、中国方案，就必须坚持马克思主义基本原理同中华优秀传统文化相结合，不忘本来、吸收外来、面向未来，不断丰富和发展人类文明新形态。

跟着总书记学青春"大学问"

冠县融媒体中心　李岩

习近平总书记曾说："我人生第一步所学到的都是在梁家河。不要小看梁家河，这是有大学问的地方。"今天我非常荣幸和大家一起探讨我们青年党员干部应该从习近平总书记的"大学问"中学到什么。

想要了解青年时期的习近平总书记，就必须从一本书开始——《习近平的七年知青岁月》。这本书通过29位受访者讲述自己当年亲身经历的往事，用真实的历史细节再现了习近平总书记在陕北黄土高原七年知青岁月的艰苦生活，以及习近平总书记如何把自己从一个城市少年成长为一位有远略、懂农业、知农情的优秀农村干部的动人事迹。

天高海阔正当时，青年人必须"有理想"、百炼成钢

书中有两个数字给我留下了深刻的印象，分别是"8"和"10"。"8"是先后写下8份入团申请书、"10"是10份入党申请书。看似简单的两个数字却代表了总书记对共产党和共产主义的坚定信仰以及他远大的人生志向。总书记说："15岁来到黄土地时，我迷惘、彷徨；22岁离开黄土地时，我已经有着坚定的人生目标，充满自信。"在陕北的七年，习近平贴近黄土地，贴近农民，下决心扎根农村，立志改变梁家河的面貌，在这七年时间里，他靠自己的苦干实干做出了一番成绩，在实干中找到人生的目标和方向。

作为新时代的青年干部，我们要始终牢记自己是人民的儿子，始终牢记全心全意为人民服务是自己的天职，在为人民服务中树立目标，才能对得起人民的养育之情，才能干出无愧于时代和人民的事业。

勇往直前追梦途，青年人必须"敢担当"、务实肯干

"敢说、敢做、敢担当"，这是梁家河的乡亲们对青年习近平担任村党支部书记时领导风格的一致评价。他有一个特点，就是：我说的话如果有错你们就指出来，我肯定改；如果我说的没错，就照着办，不能打折扣。习近平在刚当选党支部书记时，大队接到一批救济粮，因为当时大家的生活都不容易，如何公平分配成了大难题。习近平散会后当即带领大家从夜里10点一直忙到凌晨5点，挨家挨户看谁有多少粮食，谁家粮食少就给谁家多分，大家谁都没话说。

作为新时代的青年干部，我们要学习总书记的担当精神，关键时刻有冲劲、应对挑战有闯劲、同台竞争有拼劲，想方设法把工作干到位、干出彩，以执着勤勉的姿态、务实肯干的精神，展示青春魅力与活力。

宝剑锋从磨砺出，青年人必须"能吃苦"、艰苦奋斗

作为"年龄最小、去的地方最苦、插队时间最长的知青"，青年习近平

主动接受艰苦环境的磨炼，闯过"跳蚤关""饮食关""生活关""劳动关"和"思想关"，成为村里劳动的好把式、乡亲们眼中的"好后生"。习近平在梁家河大队期间几乎什么活儿都干过，种地、拉煤、打坝、挑粪……还带领村民们建成陕西省第一口沼气池。当时，没有石头，习近平带人在烂泥滩里铲去一米多厚的土层，挖出了石头。眼看就要大功告成，但新建的沼气池有裂缝，无法产生沼气。习近平带领几个青年，把沼气池里面的水、粪便，全部挖出来，再用水泥仔细地修补。

作为新时代的青年干部，我们要始终坚持"艰苦奋斗"，善于在实践中"自找苦吃"，在直面挑战中迎难而上，在历经风雨后愈挫愈勇，用自己的"辛苦指数"换取国家的"美丽指数"、社会的"和谐指数"和群众的"幸福指数"。

博观厚积练硬功，青年人必须"学思用"、厚积薄发

"痴迷读书"是梁家河人对青年习近平的普遍印象，习近平总书记到梁家河插队时，不但自带满满两箱子的书籍，还坚持走三十多里的山路去借书。即使白天辛苦劳作，晚上还要借着昏暗的煤油灯阅读至深夜。当时看书用的灯是自制的煤油灯，灯身是用废弃的墨水瓶做的。因为烟太大，每次看书，为了凑近那点光亮，总书记的脸都会被熏黑。

"鸟欲高飞先振翅，人要上进先读书"。习近平总书记爱读书的习惯向我们证明学习是进步的根基，是提高自身素质的根本途径。新时代的青年干部就是要把学习作为一种精神追求，一种思想境界，一种兴趣爱好，保持求知若渴的精神和持之以恒的态度，向书本学习，向实践学习。

讲到这，我的耳边又回荡起习近平总书记在中国共产主义青年团成立100周年大会上对青年人的寄语："成长为有理想、敢担当、能吃苦、肯奋斗的新时代好青年，用青春的能动力和创造力激荡起民族复兴的澎湃春潮，用青春的智慧和汗水打拼出一个更加美好的中国！"

续写千年智慧，打造中医药
传承创新"东阿样本"

东阿县刘集镇中心小学　尚伟

　　习近平总书记高度重视中医药的传承创新发展，号召广大中医药工作者"传承精华，守正创新，加快推进中医药现代化、产业化"。"促进中医药传承创新发展"这一要求更是写入党的二十大报告当中。

　　传承创新发展中医药是新时代中国特色社会主义事业的重要内容，是事关中华民族伟大复兴的大事，对于发挥中医药原创优势、推动我国生命科学实现创新突破、弘扬中华优秀传统文化、增强民族自信和文化自信、促进文明互鉴和民心相通、推动构建人类命运共同体具有重要意义。

传承精华，开启守根固源新征程

传承，是中医药发展的根基。习近平总书记在致中国中医科学院成立60周年贺信中明确指出："中医药学是中国古代科学的瑰宝，也是打开中华文明宝库的钥匙。"他多次强调，要切实把中医药这一祖先留给我们的宝贵财富继承好、发展好、利用好。

为了传承好中医药文化，东阿县搭建起"全国中华老字号中医药发展论坛"，对中医药文化资源进行系统梳理和保护；组建中医药文化研究团队，对阿胶及其部分系列产品展开循证医学和机理研究，搜集整理阿胶古代经典和民间验方3200余个，并组织编写了《阿胶历史文化通典》。除此之外每年都会举办"冬至阿胶汲水炼胶祭告大典"，尊古炮制，传承经典。

习近平总书记强调："中医药学包含着中华民族几千年的健康养生理念及其实践经验，是中华文明的一个瑰宝，凝聚着中国人民和中华民族的博大智慧。"只有传承好中医药文化，才能让岐黄基因薪火相传，让这一国之瑰宝生生不息。

守正创新，铸就蓬勃发展新辉煌

创新是中医药的活力所在。守住"中医药发展规律"这个"正"，在"创"上下功夫，解决好"新"这个关键，于新形势下创方药之新、技术之新、路径之新，方能真正做到"传承不泥古、创新不离宗"。

创新研发。东阿县推动企业与中国中医科学院、山东中医药大学等高等院校合作，建成了行业内唯一的"国家胶类中药工程技术研究中心"、中医类省级临床医学研究中心、中医药传承创新中心以及重点实验室，承担了国家、省部级科研课题29项，参与了质量标准研究60项，率先突破了阿胶口服含化创新技术，研发出了东阿阿胶粉、阿胶速溶粉、阿胶奶茶等22款新品。

创新管控。东阿县高标准推进5G智慧示范工厂建设，确保生产管理精细化与产品质量均一性，实现了在线检测和微机集控系统967个参数的精确控

制，产品农残、重金属、二氧化硫等842个项目抽检合格率100%。将DNA分子鉴定技术应用到驴皮原料把控、生产过程、阿胶成品检测等环节，使DNA技术成为传统阿胶生产的行业标准。注册"东阿阿胶"地理标志，搭建追溯防伪数据库，对县域内阿胶企业统一核发使用，实行"一品一码"防伪管理，更有效地维护品牌形象。

创新业态。东阿将中医药文化与养生养老、文化旅游等多业态融合发展，推动中医药高质量发展迈上新台阶。打造了全产业链中医药文化旅游模式——东阿阿胶体验之旅，并入选全国乡村旅游精品线路。以阿胶膏方为原料，配套中医全息七项疗法，在东阿阿胶城建设了双胶膏方国医体验馆，邀请全国百余名著名老中医轮流坐诊，吸引了各地群众前来问诊。此外，东阿县还正在建设中医药大健康产业园双创中心，规划设置中医药文化主题康养、中医食疗、茶疗、膏方智能制造等13个功能区，着力打造全国最大的中医膏方"医、康、养"服务基地。

践行习近平总书记"遵循中医药发展规律，传承精华，守正创新，加快推进中医药现代化、产业化……推动中医药事业和产业高质量发展"的要求，东阿县全力筑牢"康养东阿"品牌形象，一步一个脚印，走出了契合自身发展的道路。

潮平两岸阔，风正好扬帆

未来，我们要坚定中医药的文化自觉和文化自信，勇担使命、创新实干，在变局中开新局，推进中医药实现更高质量的传承创新发展，为建设健康中国、实现中华民族伟大复兴中国梦做出更大贡献。

如何谱写共同富裕新篇章

莘县燕店镇中心小学　马晓杰

党的二十大报告提出以中国式现代化全面推进中华民族伟大复兴，强调要扎实推进共同富裕，完成"全体人民共同富裕的现代化"这一伟大目标。习近平总书记指出："我们说的共同富裕是全体人民共同富裕，是人民群众物质生活和精神生活都富裕"，"实现共同富裕是一个长期任务，必须久久为功，咬定青山不放松，不断取得新进展"。那我们要如何才能实现"共同富裕"呢？

一是要始终坚持中国共产党的领导

党的领导是推进全体人民共同富裕的根本保证。中国共产党自1921年成立以来，就把"为中国人民谋幸福、为中华民族谋复兴"作为自己的初

心和使命。任何时候都把人民群众的利益放在第一位。推进共同富裕，是党中央赋予广大党员干部的时代重任。1994年，莘县燕店镇在镇党委的积极推动下，率先种下第一粒香瓜种子，克服了没资金、没技术、没销路等一个个难题，带领燕店人民群众摸出了一条自力更生、艰苦奋斗、增收致富的新路子。发展香瓜产业是让群众富起来的重要举措，充分彰显了党员干部的模范带头作用，体现了共产党员的责任担当。在中国共产党的领导下，我国创造了世所罕见的经济快速发展和社会长期稳定两大奇迹，打赢了脱贫攻坚战，全面建成了小康社会，揭开了共同富裕的崭新篇章，使我们更加深刻地感受到党的领导发挥的"定海神针"作用。

二是要坚持以人民为中心

新中国成立之初，毛泽东同志就指出依靠人民群众是国家和人民走向富强的坚实保障。进入新时代，以习近平同志为核心的党中央坚持以人民为中心的发展思想，把人民对美好生活的向往作为奋斗目标，把人民利益放在最高位置，把解决好人民群众最关心、最直接、最现实的利益问题作为重中之重，大力推进民生建设，人民生活全方位改善，人民群众获得感、幸福感、安全感更加充实、更有保障、更可持续。共同富裕是全体人民的富裕，人民是实现共同富裕的主体力量。莘县能够成为"中国蔬菜第一县""中国双孢菇之乡""中国香瓜之乡"，不正是人民群众共同奋斗走向富裕的最好体现吗？

三是要坚持高质量发展

习近平总书记强调"在高质量发展中促进共同富裕"。其实高质量发展并不神秘，就拿莘县的蔬菜大棚来说，原来灌溉、施肥和温度控制等环节都要靠人工去完成，而现在很多大棚进行了改造升级，安装了智能控制系统，实现了蔬菜种植的智能化、自动化，大大提高了种植效率，减轻了种植负担，这就是高质量发展。实现高质量发展，科技创新是关键。近年来，莘县实施科技助农工程，坚持走科技助农新路子，农业产业不断升级，通过科学种植，我们县的农产品品种日益增多、质量不断提升，实现了全县农业增效、农民增收、农村发展。"莘县蔬菜"品牌正逐步走向全国、走向世界。实践表明，只有实现高质量发展，我们的收入才能更高、我们的生活才能更美好，最终才能实现共同富裕的宏伟目标。

四是要坚持公平正义

大教育家孔子的一句"不患寡而患不均"，表达了千百年来广大人民群众对公平正义的渴求。习近平总书记深刻指出，做好做大"蛋糕"的同时，进一步分好"蛋糕"。我们要在不断发展的基础上尽量把促进社会公平正义的事情做好，既尽力而为，又量力而行，努力使全体人民在学有所教、劳有所得、病有所医、老有所养、住有所居上持续取得新进展。为了缩小社会收入分配差距，国家进一步深化分配制度改革，建立健全初次分配、再分配和第三次分配的收入分配体系，并依靠有效市场、有为政府和有爱社会打造橄榄型收入分配格局，使全体人民朝着共同富裕扎实迈进。

我想我们每一个人，对共同富裕都充满了期待和憧憬。相信有党的领导作为我们的坚强后盾，有人民群众凝聚的磅礴伟力，有高质量发展为根本途径，有公平正义的分配制度，全体人民共同富裕的现代化一定能够实现。幸福都是奋斗出来的，让我们大家凝心聚力、团结一心继续撸起袖子加油干，持续谱写新时代共同富裕的华丽篇章。

自我革命：中国共产党永葆青春的秘籍

中共聊城市委党校　姜伟

　　2024年是中国共产党成立103周年，我们党一路风雨兼程，历尽磨难，从一个建党初期只有50多名党员的小党，发展到如今成为拥有9900多万名党员的世界第一大党，党带领全国人民应变局、化危机，斗洪水、抗地震、战疫情，披荆斩棘、攻坚克难，较真碰硬、坚决斗争，取得了一场又一场伟大胜利，打开了事业发展新天地。在这，我们不禁想问一句，党是凭借什么带领人民取得这一系列辉煌成就的呢？

　　习近平总书记在中共中央政治局民主生活会上的讲话告诉了我们答案："勇于自我革命，是我们党最鲜明的品格，也是我们党最大的优势"。中国共产党的伟大不在于不犯错误，而在于从不讳疾忌医，敢于直面问题，勇于自我革命，具有极强的自我修复能力。一百多年来，我们党始终坚持真理、修正错误，以自我革命精神全面推进党的建设，保证了党永葆青春活力、不断发展壮大。

世界发展的历史中，无论是国家发展还是党派竞争，并不缺少革命，但是勇于自我革命的却少之又少，那么中国共产党的自我革命精神源自于哪里呢？它为什么会成为我党区别于其他政党的显著标志？其实我们党之所以能够保持自我革命是有着其内在逻辑的，主要体现在以下三个方面：

首先是理论逻辑，自我革命源自于马克思主义政党的先进性和纯洁性。马克思指出："无产阶级革命与其他革命不同之处就在于：它自己批评自己，并靠批评自己壮大起来"。中国共产党作为马克思主义政党，其指导思想是马克思主义，这决定了中国共产党是能够，也必须进行自我革命，以更好地实现为人民谋利益、谋幸福的历史使命。自成立以来，中国共产党始终坚持直面问题，开展自我批判与自我反省，从中汲取宝贵经验，不断开创更加光明的未来。

从历史逻辑上看，中国共产党的历史就是一部自我革命的历史。100多年来，我们党至少有六次具有里程碑意义的刀刃向内的自我革命。1927年的八七会议是与右倾投降主义错误斗争的自我革命，1935年的遵义会议是与"左"倾冒险主义、分裂逃跑主义斗争的自我革命。距离我们最近的党的十八大，开启全面从严治党新征程，以习近平同志为核心的党中央提出全面从严治党，以雷霆万钧之势开展反腐败斗争，标本兼治，坚持"打虎""拍蝇""猎狐"，无禁区、全覆盖、零容忍。

从实践逻辑上看，这是党应对新时代出现的风险和挑战的必然选择。古语说："水满则溢，月满则亏；自满则败，自矜则愚。"这句话的意思是月亮圆的时候就容易发生月蚀，水满了就会溢出来，自以为满足就会失败。一个长期处于执政地位的党，在取得了一些瞩目的成就后，也有可能陷入自我满足、消极懈怠的危险境地。在百年世界政党兴衰成败历史中，一些大党老党在长时期执政后，往往会遭遇不同程度的执政危机，最终都退出历史舞台，

而造成这一悲惨结局的原因就在于他们忽视了自身存在的问题或者是他们不敢去纠正自身存在的错误。

进入新时代，迈上新征程，我们正在以中国式现代化全面推进中华民族伟大复兴。这是一个值得自豪的时代，我们已经取得一系列辉煌成就，但也是一个充满风险的时代。行百里者半九十，在实现中华民族伟大复兴的冲刺阶段，需要我们倍加谨慎，而其中的关键在于党的自身。

前途命运掌握在自己手上，外力是永远打不倒我们的，能够打倒我们的只有自己。雄关漫道真如铁，而今迈步从头越。新时代，新征程，我们以党的旗帜为旗帜，以党的方向为方向，以党的意志为意志，坚持以党的自我革命推进新时代党的建设，定能在党的领导下实现中华民族伟大复兴的中国梦！

深刻认识中华文明的突出特性

临清市潘庄镇中学　闫玉波

习近平总书记在文化传承发展座谈会上深刻阐释了中华文明具有的五大突出特性，这就是：突出的连续性、突出的创新性、突出的统一性、突出的包容性、突出的和平性。立足中华民族伟大实践，深刻理解中华文明的突出特性，对于在新的历史起点上继续推动文化繁荣、增强文化自信、建设中华民族现代文明具有重要的现实意义和深远的历史意义。

第一，中华文明具有突出的连续性

中华文明是世界古代文明中唯一没有中断、连续发展五千多年的文明。

有一位摄影师，在拍摄兵马俑时，无意中发现一个兵马俑嘴唇上，竟然留下了一枚2000年前的指纹，据他后来说，当时看到这枚指纹的一刹那，自

己突然之间泪流满面。当年留下指纹的工匠们虽已远去，可就在同一个位置，跨越千年之后，我们踩在了他们的脚印上……这说明，中华文明是可以触摸、可以感知的文明，更是有温度、有生命的文化传承。

正如习近平总书记指出的，如果不从源远流长的历史连续性来认识中国，就不可能理解古代中国，也不可能理解现代中国，更不可能理解未来中国。

第二，中华文明具有突出的创新性

中华民族是不断进取、不断创新的民族。创新性始终是推动中华文明不断发展的重要动力。

北斗导航是我国自主研发的卫星定位系统，从两星定位到全球组网，彻底打破了西方对我们的空天封锁！在这背后，是几代航空航天人的接力攻关。现如今，神舟飞船翱翔太空，中国空间站全面建成，C919大飞机成功首航，无不体现了中华民族始终走在不断创新的大道之上。

正如习近平总书记指出的，中华文明具有突出的创新性。中华民族的创新性从根本上决定了中华民族守正不守旧、尊古不复古的进取精神，决定了中华民族不惧新挑战、勇于接受新事物的无畏品格。

第三，中华文明具有突出的统一性

中华民族自古就有"大一统"的理想追求。

几千年的历史长河中，虽然有过王朝更替、分分合合，但中华民族始终是一个统一的整体。抗战时期，冀中平原上，抗日英雄马本斋的母亲，面对敌人的胁迫，绝食7日而亡，马本斋得知后奋笔疾书："伟大母亲，虽死犹生，儿承母志，继续斗争！"他奋不顾身，浴血奋战，被朱德总司令誉为"壮志难移，汉回各族模范；大节不死，母子两代英雄"。每逢危急关头，各族人民像石榴籽一样紧紧抱在一起，共同守护着美好的家园。

正如习近平总书记指出的，中华文明具有突出的统一性，从根本上决定了中华民族各民族文化融为一体、即使遭遇重大挫折也牢固凝聚，决定了国土不可分、国家不可乱、民族不可散、文明不可断的共同信念。

第四，中华文明具有突出的包容性

海纳百川、有容乃大。文明的繁盛、人类的进步，离不开求同存异、开放包容，离不开文明交流、互学互鉴。

佛教、伊斯兰教、基督教相继传入中国，中国的音乐、绘画、文学也不断吸取外来文明的优长，铸就了"洛阳家家学胡乐""万里羌人尽汉歌"的"大国气象"。特别是，马克思主义基本原理在与中国具体实际、与中华优秀传统文化的"两个结合"中，实现了互相成就，揭开了新篇章，实现了新飞跃。

正如习近平总书记指出的，中华文明具有突出的包容性，从根本上决定了中华民族交往交流交融的历史取向，决定了中国各宗教信仰多元并存的和谐格局，决定了中华文化对世界文明兼收并蓄的开放胸怀。

第五，中华文明具有突出的和平性

崇尚和平、和睦、和谐始终是中华民族的价值追求。

2000多年前，我们开辟了"丝绸之路"，使用的不是战马和长矛，而是驼队和善意；600多年前，郑和七次下西洋，留下了友好交往和文明传播的佳话；现如今，构建人类命运共同体、调解沙特伊朗复交、劝和俄乌冲突……中国成为促进人类发展和进步的重要力量。

正如习近平总书记指出的，中华文明具有突出的和平性，从根本上决定了中国始终是世界和平的建设者、全球发展的贡献者、国际秩序的维护者。

以上这五大突出特性，是习近平总书记对中华文明的高度概括和总结，为我们深刻理解中华文明的突出特性提供了遵循、指明了方向。在新的历史起点上，我们一定要坚定文化自信，更好担负起新时代新的文化使命，扎实推进中华民族现代文明和社会主义文化强国建设，铸就中华文明新的辉煌！

以钉钉子精神抓好改革落实

阳谷县第一初级中学　颜春倩

党的二十届三中全会审议通过的《中共中央关于进一步全面深化改革、推进中国式现代化的决定》强调"以钉钉子精神抓好改革落实",并就全党如何抓落实、如何检验改革成效等提出了明确要求。"发扬钉钉子精神"是习近平总书记反复倡导的一种工作方法。钉钉子,看似是简单动作,实则蕴含深刻哲理。钉钉子往往不是一锤子就能钉好的,而是要一锤一锤接着敲,直到把钉子钉实钉牢。那么,如何以钉钉子精神抓好改革落实呢?

第一,发扬钉钉子精神抓好改革落实,必须"钉得准",坚持人民至上

钉子起不起作用、起多大作用,关键在于是否找准"钉点"。习近平总书记强调："老百姓关心什么、期盼什么，改革就要抓住什么、推进什么，通过改革给人民群众带来更多获得感。"

身后的这一张张笑脸就是对此最好的诠释。这是一名患有十多年糖尿病的高中教师。他告诉记者：在患病的这些年啊，跑医院可以说是家常便饭。医保账户余额也经常不够用。而近年来，他惊喜地发现账户里的钱从原先的"不够用"变成了"有结余"。说到这里他不禁喜笑颜开。医保账户的变化，源于持续深化的医药卫生体制改革，让老百姓"病有所医"。党的十八大以来，全面深化改革向纵深推进，各方面推出的2000多个改革方案，大写的"人"字贯穿始终。从幼有所育、学有所教、劳有所得、住有所居等方面，我们持续用力，不断满足了人民日益增长的美好生活需要。

进一步全面深化改革必须从人民利益出发谋划改革思路、制定改革举措。这充分体现了我们党全心全意为人民服务的根本宗旨，也彰显了全面深化改革的价值取向。

第二，发扬钉钉子精神抓好改革落实，必须"钉得稳"，敢作善为

钉钉子，要一锤一锤接着敲，如果东一榔头西一棒子，往往钉不到点子上，甚至会前功尽弃。习近平总书记强调："干事业就要有钉钉子精神，抓铁有痕、踏石留印，稳扎稳打向前走，过了一山再登一峰，跨过一沟再越一壑，不断通过化解难题开创工作新局面。"

我们都知道，河北正定曾经是我国有名的"高产穷县"。习近平来到正定任职后，通过在街头摆桌子接待群众的方式，摸清了正定的实情，而后他排除万难，一步一个脚印地将"包产到户"推行开来，因此，正定摘掉了"高产穷县"的帽子，也成为河北省第一批包产到户试点县。当时，山西省的一位县委书记到正定参观后，感慨地说："这里，听不见人人喊改革，但处处在改革。"是啊，一路走来，习近平总书记始终坚守"敢想敢干""不墨守成规"的改革初心，他在厦门实行"放水养鱼"，在宁德倡导"弱鸟先

飞"，在福州开创"马上就办"，在浙江提出"八八战略"，在上海力推"长三角一体化"……

这一桩桩一件件的改革事例，无不体现了习近平总书记敢做善为的钉钉子精神，也激励着我们全党在进一步全面深化改革中，敢于向顽瘴痼疾开刀、勇于突破利益固化藩篱，做到机遇面前主动出击、困难面前迎难而上、风险面前积极应对，确保各项重大改革举措落到实处。

第三、发扬钉钉子精神抓好改革落实，必须"钉得牢"，务求实效

钉钉子要真锤实击，久久为功，直到把钉子准确牢固地钉住。习近平总书记强调："改革要重视谋划，更要抓好落实。"

小岗破冰，深圳兴涛，海南弄潮，浦东逐浪，雄安扬波……一项项伟大改革的成功，就如同一场场春风，激荡着中华大地的生机与活力。党的十一届三中全会以来，46年的历史，就是一部不断深化的改革史。从农村联产承包制改革到税费改革再到国企改革等各种政治经济社会改革的落实，都是凭借着钉钉子精神，树立和践行正确政绩观，察实情、出实招、求实效，将改革的钉子牢牢打入要害、夯实根基，让中国人民一步一个脚印地实现了"从富起来"到"强起来"的历史性跨越。

《决定》明确提出300多项重要改革举措，对进一步全面深化改革做出系统部署。我们要继续发扬钉钉子精神抓好改革落实，奔着问题去、盯着问题改，以人民至上的理念、敢做善为的闯劲、务求实效的作风，汇聚起进一步全面深化改革的磅礴之力，把《决定》的"大写意"转化为"工笔画"实景图，让我们在改革的新征程上，喜迎新气象、展示新作为，谱写中国式现代化更加辉煌的新篇章。

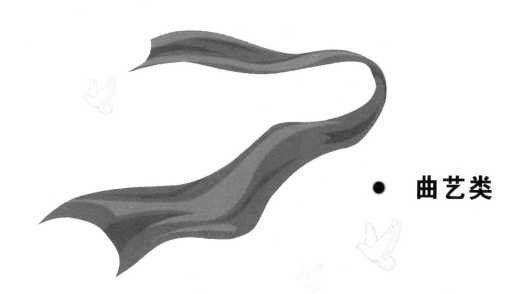

曲艺类

惠农直播好处多

（四平调）

冠县烟庄街道后张平村　李玉春 / 刘爱堂

老李（白）：哎大爷大娘、叔叔婶子、嫂子弟妹，都来看我直播嘞，看我
　　　　　　直播嘞！哈哈哈……

老刘（白）：唉！老李，你在这里又喊又叫的，干啥呢？我都快愁死了。

老李（白）：你愁啥？

老刘（白）：愁啥？今年俺家的油桃大丰收，可是卖不出去，都快烂
　　　　　　了！你说，这可咋办？

老李（白）：你愁啥？咱有办法呀！

老刘（白）：啥办法？你能帮俺把油桃卖了？

老李（白）：能！能！当然能啦！我告诉你吧，党的二十大提倡惠农助农

　　　　　　　直播平台，以后咱也能在这个平台上卖咱的特产啦！

老刘（白）：老李，还有这么好的事啊？

老李（白）：对！这是咱党的政策好，也多亏了各级领导对咱的大力支持。

老刘（白）：这么一说，咱以后就能在这个直播平台上直播挣钱啦？

老李（白）：是啊老刘……

老李（唱）：春光明媚百花开，

　　　　　　党的二十大喜讯来。

　　　　　　惠农助农政策好，

　　　　　　网络创建新平台。

　　　　　　千民万户同致富，

　　　　　　乡村振兴幸福来。

老刘（唱）：产业体系现代化，

　　　　　　融合发展别落下。

　　　　　　线上线下齐发展，

　　　　　　群众致富笑哈哈，

　　　　　　你快说你快讲，

　　　　　　咱俩直播看谁强。

合（唱）：为了响应党号召，

　　　　　奋发努力创辉煌。

老刘（白）：唉！你说得真不孬，要是真的让咱俩直播，咱会不？

老李（白）：会！不信我播播你看看。

老刘（白）：好！那我看看。

老李（白）：欢迎每位家人走进惠农直播间。现在我给大家把俺冠县的特

　　　　　　色产品啦一啦。

老李（唱）：大冠县美如画，

　　　　　　又有鸭梨又有瓜。

纯天然无公害，

销往各地人人夸。

欢迎大家来选购，

直播方便你我他。

合（唱）：直播方便咱大家。

老李（白）：哇……这一会儿我就卖了3千多单啦，我的铁粉们家人们，
非常感谢你们哟！

老刘（白）：哎哟！这回我的油桃就不用愁啦！

老李（白）：老刘，总书记说啦，美好的生活都是奋斗出来的，只要勤奋
好学，咱也能发家致富当状元。

老刘（白）：对！说得太对啦！哎，直播间里就这点东西，还有吗？

老李（白）：有，还有……

老李（唱）：灵芝粉皮食用菌，

樱桃小米和大蒜。

样样都是高品质，

物美价廉很划算。

绿色无害农产品，

营养质量高标准。

老刘（唱）：创建电商示范县，

电商给力大发展。

示范引领产业带，

特色产品博众彩。

冠县经济是强县，

直播助农促发展。

惠农直播好处多，

合（白）：乡村致富人心欢。

老李（白）：哎哟，我差一点忘了，我那58万粉丝还在那清泉河边等着
　　　　　　　我直播去呢，我得直播去。你去不，老刘？

老刘（白）：去！我还不想去啊？

老李（白）：那咱走吧……走……

我要幸福

（相声）

聊城经济技术开发区颐中外国语学校　张振亚／王少泽

甲：一上台，我祝愿在座的领导、老师，亲爱的观众朋友们，在以后的日子里，身体好，事业好，家庭好，生活好，吃的好，玩的好，乐的好，穿的好，带的好，用的好，思想好，品德好，精神好。好上加好，好上更好，爱怎么好就怎么好，一辈子好得不能再好了，说了这么多好，来点掌声好不好？

乙：要掌声啊？

甲：俺要的不是掌声，俺要的是幸福。

乙：现在咱们聊城发展变化得这么快，你还不幸福？

甲：他要发展慢点，俺心里也没那么难受了。

乙：啊？

甲：出了轨了……

乙：什么？

甲：不是，俺是说脱了轨了。

乙：噢，你是说，你跟不上咱们聊城发展的步伐了。

甲：对嘞，你看现在的孩子。

乙：现在的孩子怎么了？

甲：要么有么，每天都像过年，天天都在过节。

乙：生活好了，孩子少了，可不都围着孩子转。

甲：特别是那教育上，那校园里，环境好，设施好，领导引领得好，老师教得好，学生学得更好！

乙：那是，幸福的新一代。

甲：那我小时候就喜欢唱个歌，怎么就那么难呢？

乙：你小时候唱什么歌？

甲：两只老虎，两只老虎，跑得快，跑得快，一只没有眼睛，一只没有眼睛……

乙：两只瞎虎。

甲：唱错了，一只没有耳朵，一只没有耳朵，真奇怪，真奇怪。

乙：俩怪物，都没耳朵。

甲：这能怨我嘛？

乙：那怨谁啊？

甲：小时候没上过音乐课。

乙：是，以前条件有限，课程开得不全。

甲：现在的孩子多好啊，什么课都有。

乙：现在不光有国家课程，还开发了地方课程，校园生活更加丰富多彩。

甲：我的童年怎么就这么苦呢，我唱首歌怎么就这么难呢（哭泣）……

乙：怎么还哭上了？

甲：我的童年不幸福，就不准我哭两声祭奠一下。

乙：怎么就不幸福了？时代在发展，社会在进步，每个时代都有每个时代的幸福和快乐，只是你没有善于发现而已。

甲：我发现了，我的伙计们都结婚了，我还没对象呢！现在他们都二婚了，我还是光棍一根。

乙：你这都什么朋友。

甲：（唱）正月个里来是新春，家家户户喜盈盈，人家夫妻团圆聚，俺的个媳妇在哪里？（《孟姜女》）

乙：想媳妇了，现在都是自由恋爱，实在不行，相相亲，朋友介绍介绍嘛。

甲：你还别说，还真介绍了一个，她还约我见面。（笑）

乙：幸福这就要来了！

甲：呀呀呀，过来了，就是她，身材还真不错！

乙：你小子有福气，好好把握！

甲：她走起路来还挺有节奏嘞。

乙：那是高兴的。

甲：她的节奏是这样的，一动一不动，一动一不动，一动一不动，一动一不动，（哭）一动一不动，一动一不动

乙：这一定是幸福的眼泪，成了！

甲：黄了。

乙：怎么黄了呢

甲：她的节奏我跟不上啊！（哭）

乙：好好学学嘛。

甲：你没明白，一动一不动是车子和房子。

乙：奥，那你要努力了。

甲:（哭）我不幸福。

乙:一个大男人哭有什么用啊,好好工作,赚钱养家,总书记说过,幸福都是奋斗出来的。

甲:后悔以前没好好学习,现在没学历,没文化,哪个单位要我?

乙:现在知道学习也不晚。

甲:你说得还真对呢,咱政府推出了"聊胜一筹",俺就学习种植养殖嘞,冠县鸭梨、莘县香瓜、茌平大枣,（笑）俺就脱了贫嘞!

乙:感谢国家政策好,咱聊城领导引领得好。

甲:俺还有口号来。

乙:啥口号?

甲:"放心吃吧,聊城产的"。

乙:打造聊城品牌。

甲:后来政府又提出了"千企下乡,万户养驴",俺就养起驴来了。

乙:你会养吗?

甲:不会没关系呀,咱是"一乡一团队,一村一顾问"。

乙:我说呢,有专家指导。

甲:俺就致了富嘞,俺就有了钱嘞。

乙:这嘴都合不上了,准是摊上好事了。

甲:（唱）我们结婚吧,我们结婚了!

乙:结婚了,那得恭喜你了,谁介绍的?

甲:（笑）俺俩是自由恋爱,网上认识的。

乙:网恋,还挺时尚,新娘子哪里人啊?

甲:杭州的。

乙:你要去杭州啊?

甲:我去什么杭州,你傻呀,我是娶媳妇又不是嫁人。

乙:杭州可是个好地方,西湖多美啊,南有杭州西子秀,人家能来吗?

甲：你傻呀，北有水城胭脂美。咱东昌湖也很美呀，河湖秀美大水城，宜居宜业新聊城，咱聊城也不差。

乙：那是，你得在城里买套房子吧？

甲：你傻呀，现在是路修到村里，水接到家里，村里能取钱，家里能上网，城乡环卫一体化，到处都干干净净。

乙：农村有了新变化。

甲：还有文化大院、文化广场，蹦次蹦，蹦次蹦，蹦次蹦次蹦次蹦……

乙：这是？

甲：全民健身，大家都在哪跳舞蹈呢，还有鼓掌叫好的。

乙：鼓掌叫好？

甲：观看文化惠民精彩演出，还有文明胡同、文明户，俺还上了道德榜了。

乙：是吗？

甲：我们还有口号嘞，"美丽乡村是我家，农村不比城里差"。

乙：嚯，还真行。

甲：（唱）人人那个都说哎哎哎，聊城好，聊城那个景色哎，好风光。

甲：结婚没一年，俺媳妇就给俺生了个大胖小子！

乙：生了个大胖小子，那得多高兴啊！

甲：我高兴，全村老少爷们，亲戚朋友都来我家喝满月酒。

乙：都来为你送祝福。

甲：是，俺端起酒杯……

乙：要讲两句。

甲：（犹豫，喝酒）……

乙：说话呀！

甲：我说不出来。

乙：说不出来你就唱。

甲：我唱，哎嗨，哎嗨，综合国力作支撑，江北水城展雄风，市委市政府的思路新，承前启后勇攀登啊，那个勇攀登啊，哎嗨呦，嗨……

乙：当里个当，当里个当，当里个当里格当当里个当……

甲：人逢喜事喜洋洋，二十大精神放光芒，基层建设全发展，创先争优受表彰，反腐倡廉风气正，咱聊城再创新辉煌！

乙：对，反腐倡廉风气正，咱聊城再创

合：新辉煌！

提意见

（数来宝）

山东有声艺术研究院　刘硕/一白

甲：（先上场）打起竹板走上台，
　　把先进的事迹唱起来。

乙：超意兴的张海燕，
　　爱岗敬业是模范。

甲：别看她，年龄只有三十多，
　　感人的故事一火车。

乙：十几年都是零投诉，
　　今天上午出了事故。

甲：什么事故啊？

乙：咱俩学一学，演一演，

　　现场的对话很经典。

甲：好啊！

乙：你先当那位提意见的顾客，我这正夸着海燕呢，你在那边上来了。

　　立足本职做贡献，

　　热情服务还实干。

甲（换装）：（厉声）住口！

　　张海燕，我了解，

　　爱管闲事还冷血。

乙：嘿！你这人，净胡说，

　　批你两句不算多。

甲：批我？我还要批评海燕呢！我说这话有根据，

　　不信你听我说仔细。

乙：到底究竟怎么回事？

　　这说法可是头一次。

甲：（斥责）张海燕，我来跟你算算账，

　　别躲躲闪闪不像样！

乙：算什么账啊？

甲：你听我说啊！

　　我平时工作常加班，

　　经常到她们店里吃快餐。

乙：是她的老顾客了。

甲：那天我突发心脏病，

　　躺在了地上不能动。

　　周围的顾客都不管，

　　一个个，脚底抹油躲得远。

张海燕店长发现后，

赶紧上前来抢救。

人工呼吸嘴对嘴，

虽然我口臭心里美。

乙：嗨！

甲：及时派人打了120，

沉着冷静有水平。

陪着一起到医院，

又帮我把药费垫。

跑前跑后团团转，

最后累得一身汗。

等我爱人到医院，

发现海燕早不见（啦）。

乙：这就叫，做了好事不留名，

见义勇为的精神得传承。

她对待顾客如家人，

危难时刻见精神。

高尚品德金不换，

咱鼓鼓掌，算是给她点个赞！

甲：康复后，我专门买了一束花，

还想把锦旗送给她。

可是她一直拒我大门外

根本不顾我内心激动很澎湃。

你说她是不是太冷血？

怎么一点儿风情都不解？

乙：你就为这事来算账（啊）？

　　　　　我看你是脑子有病真够呛！

甲：感谢一下很应该，

　　　宝宝平时特别乖。（撒娇）

乙：还宝宝呢？

甲：再者说，对她有意见的不光我，

　　　过来吧，你也不用往后躲。

乙：对，我也有意见。

甲：看见了吗？他也有意见。咱听听他能提出什么意见来？

乙（换装）：我是海燕她员工，

　　　　　　也到这里表心声。

甲：哦，你有什么意见？

乙：我对她意见大得很，

　　　那是蝎子蛰腚——最容忍！

　　　她当模范爱表现，

　　　可不该，要求我们陪着干。

　　　我上有老，下有小，

　　　需要经常往家跑。

　　　平时的工作干不好，

　　　我这心里也苦恼啊！

甲：还有理由？

乙：她常说，要帮助大家解难题儿，

　　　咱们都是一家人儿。

甲：说得多好啊！

乙：我家的老人瘫在床，

　　　海燕她陪着老人拉家常。

　　　又送米，又送面，

还有水果和鸡蛋。

知道我的负担重，

经常替我把孩子送。

甲：帮你照顾家庭。

乙：老人直夸海燕行，

反而把我来批评。

孩子也说，海燕阿姨比我好，

如今都不把我找。

你说，我能对她没意见吗？

甲：这叫什么意见啊？安慰的举动暖人心，

团结同事情意真。

这样的情况很多个，

海燕对我们真不错。

感谢的话语不多讲，

我建议，咱给海燕鼓鼓掌。

甲：嘿！你这个意见能接受，

今后的工作再接再厉再奋斗。

乙：我提完意见刚要走，

又有一位到门口。该你了。咱们看看，这位又有什么意见？

甲：张海燕，我对你的意见实在大，

过来找你吵一架。

一天到晚不回家，

孩子在家直想妈。

乙：你是哪位啊？

甲：我是海燕她老公，

这角色实在不轻松。

里里外外都靠我，

一提这事就上火。

乙：嫌海燕不顾家。

甲：辅导孩子做功课，

还得给他把饭做。

带孩子到亲子游乐园，

别人都是爸爸妈妈去得全。

我们家，长期都是我自己，

她却说，工作忙实在不得已。

乙：海燕她被评先进，

荣誉也有你一份。

夫妻携手心连心，

家庭和谐值千金。

甲：你让海燕快出来，

我要当面表个白。

乙：你这是要当面干一架啊？

甲：我哪儿能真生她的气，

我是想让她的生日有意义。

乙：她的生日？

甲：今天是她过生日，

我制造浪漫换方式。

生日蛋糕马上到，

媳妇儿是全家人的自豪和骄傲。

乙：他是这么个意思。

甲：这算什么提意见，

从头到尾没有指责和埋怨。

乙：人家张海燕，是典型，

　　学习的楷模在基层。

　　当选为二十大的党代表，

　　先进的事迹都知晓。

　　为了让榜样的精神更励志，

　　公司专门成立了"张海燕工作室"。

甲：就冲海燕这个劲头，

　　咱鼓鼓掌。

合：再给海燕加加油！

乙：咱俩很默契。

甲：咱们都来学习张海燕，

　　脚踏实地是关键。

乙：团结奋斗向明天，

　　踔厉奋发谱新篇。

合：踔厉奋发谱新篇。

一张办公桌

（山东快书）

中共东阿县委党校　赵明元

东阿城东小村庄，

村东头，扩音喇叭是嗷嗷地响。

你要问来了哪一个？

来了那收破烂的赵大强。

"哎，收破烂儿，收破烂儿。

我收破烂最在行。

旧家具，旧电视，

没用的空调和冰箱。

旧书籍，旧报纸，

花花绿绿的旧衣裳。

破桌子，烂凳子，

破破烂烂不嫌脏。

我是收全球收世界，

从大西洋收到了太平洋。

赶快拿来把钱换，

放在家里占地方喽。

换了钱，

给老爹买盒中华烟，

给老妈买身新衣裳，

给媳妇买条花裙子，

给孩子买个玩具枪。

多好啊！”

赵大强这里正吆喝，

就听着背后有人大声嚷。

赵大强急忙回头看，

见一位老头站在路中央。

这个老头，看年纪足有七十多，

身子骨倒是很硬朗。

就是脸色不好看，

冲着大强直嚷嚷：

“哎，你是干什么的？”

“干什么的？嘿嘿……”

赵大强说话之间下了车：

“看见了吧，

我收废品来到咱们庄。”

"你收不收废品我不管,

我问你,这个桌子,

怎么放在你车上?"

赵大强听罢哈哈笑,

"嗨,这个桌子,

今天早上我收了,

可不得放在我车上。"

"你收了?不行,搬下来。"

"搬下来?老先生,

莫不说这个桌子您看上啦,

搬到家里搞收藏?

这个桌子有年头了,

您老真有个好眼光!

五百块钱卖给你,

我来帮你往家扛!"

"五百块钱卖给我?

白日梦做得是真香。

一分钱,也没有,

桌子给我没商量!"

赵大强闻听心生气,

冲着老头把理讲:

"老大爷,

俺起早贪黑不容易,

今早晨,收了个桌子算开张。

不给钱要把他留下,

这个说法太荒唐!"

"荒唐？告诉你！

把这个桌子来留下，

咱们两个好商量。

不把桌子来留下，

你今天出不了这个庄！"

（白）我告诉你，要不留下，你哪都去不了，不信你试试，在我们村，你还想走，我就不信治不了你！

赵大强，闻听此言气炸了肺，

急急忙忙开了腔：

"你这个老头不讲理，

欺负俺收破烂的算哪桩！

桌子我就是不留下，

我看你能怎么样！"

"怎么样？

桌子你要是不留下，

今天我揍你两巴掌！"

"来来来，朝这儿打！

我要是眨眨眼，

算我输在你手上。"

老汉将手举起来，

拳头直奔赵大强。

眼看二人要动手，

远处有人开了腔。

"别打了，别打了。"

从远处，跌跌撞撞，

跑来了支部书记王小刚。

"赵大哥，你这是咋了？"

"咋了？这个老头不让我走！"

"嗨，你还不认识吧，

这是俺们村的老支书，

他的名字苏振邦。

老支书？你咋拦着人家不让走，

动手打仗为哪桩？"

"这个桌子你认识吧？"

"认识呀！"

"这个桌子，一直放在村委会。

为什么放在他车上？

肯定这小子手脚不干净，

偷了就往车上装。

今天叫我抓住了，

要不然这个桌子可遭了殃了！"

"老支书，这个桌子是我卖的！"

"你卖的！你这个小子真荒唐！"

"老支书，

村里翻新了大队部，

盖了三间亮堂堂的大瓦房。

买了新的会议桌，

又大又新又漂亮，

这张桌子这么旧，

放哪它都占地方。

因此我才把它卖，

也算是，

为增加集体收入添力量，"

"哦，村里买了会议桌？"

"对。"

"又大又新又漂亮？"

"没错！"

"这个桌子没地放？"

"放哪他都占地方。"

"那我给找个地方。"

"哪呀？"

"放在我家的炕头上！"

（白）搬走，放我家里去，走走走，放我家里去。

听老支书这么一说，

王小刚急忙上前拉衣裳。

"老支书，你这样做事不应当。

你有40多年老党龄，

怎么净想着沾光？

年轻的党员，怎么向你来学习？

怎么拿您当榜样？

这桌子本身属于村集体，

现如今已经卖给赵大强。

你要真想要桌子，

我出钱，再买一张放在你家炕头上。"

"小刚啊，不是我老头想沾光。

这桌子，还有段历史对你讲"

"历史，什么历史呀？"

"那是1984年，

我担任支书在村上。

建了新的大队部，

是一间，十平米的小矮房。

村里没有办公桌，

我请咱村张木匠，

砍了我家一棵树，

打成桌子，把它放在大队上。

白天在上边播新闻，

晚上在上面读文章。

开会时，我用它把党的政策来宣扬。

选举时，它上边摆着咱们的投票箱。

夏天苍蝇蚊子多，

在它上面点蚊香。

冬天用它把门堵，

把凛冽的寒风来阻挡。

当时村里条件差，

这桌子派上了大用场。

现如今，咱们村里奔小康，

从内到外大变样。

羊肠小道不见了，

柏油马路宽又长。

昏暗的村庄不见了，

崭新的路灯排成行。

低矮的房屋不见了，

村委会，变成了三间大瓦房。

买了新的办公桌，

又宽又大又漂亮。

这张桌子没有用了,

就是应该卖了腾地方。

可它跟我30年,

就像我同志和老乡。

今天看见要卖它,

我打心眼里疼得慌。

这不是一张普通的办公桌,

它寄托着我们老一辈的感情和希望。

它像一团星星火,

将前进的道路来照亮。

它像一面旗帜在飘扬,

指引着我们的目标和方向。

它像一块里程碑,

见证着咱们村落后到辉煌。

看见它,我感觉我一个老党员的青春热血在流淌。

因此呀,我想把它来留下。

把咱们村,奋斗的故事来宣扬。"

老支书从头到尾讲一遍,

惊动了大强和小刚。

大强说:"老支书,你早说啊,早说我也不敢买啊!"

小刚说:"我也不敢卖啊!"

老支书听罢哈哈笑。

"好好好,那咱就把这桌子留在咱村上。

时刻提醒我们,

牢记初心和使命,

永远不把党的优良传统来遗忘。"

到后来，村里建起村史馆。

这桌子，被当做文物来收藏。

这就是，一张小小的办公桌，

承载乡村振兴新篇章！

艾山新曲

（王皮戏）

东阿县百艺传媒有限公司　刘恒申

人物：

艾花：28 岁，大学毕业生，驻村第一书记

二愣子：58 岁，艾山村民

二婶：二愣子妻子

（二愣子上场，带草帽子，背篓子，拿镰刀。）

二愣子：（唱耍孩，转清江引）今天高兴笑哈哈，拿起镰刀把地下。

村里收地种艾草，我思想不通噎疙瘩。

坚决我不来动地，看他们有啥法。

（村里喇叭喊："全体村民注意了，今天吃了早饭都集合到大队部来开会，一个也不能少。"）

二愣子：（白口）

开会！我不去，准是又让种艾草！我不去！我到地里割草去！先躲躲去。

艾花（上场）

唱：（桂枝香）艾花我走得忙，

向前来到我村旁。

故乡就是艾山村，

艾山坐落黄河旁。

黄河滔滔东流水，

喜鹊喳喳把歌唱。

践行黄河奔征程，

中药发展要跟上。

发展项目种艾草，

致富转变新思想。

复兴实现中国梦，

担当重任往前闯。

（二愣子上场与艾花相遇）

二愣子：（上场，白口）哟，这不是艾花吗？你咋回来了？

艾花：是我，二叔，我这么多年没回来了，回老家看看。二叔，你这是干什么去？

二愣子：这不家里驴、鹅没草吃了，下地割草去。

艾花：我听咱大队里大喇叭喊都开会哩，你怎么不去开会呀？

二愣子：我不去开会，说什么土地流转，种什么艾草，种什么药材，我不同意，叫他们开去吧。我躲起来，他们也没法，我去地里割草去。

艾花：二叔呀！

（唱。山坡羊）

二叔思想那个太落后，

跟不上形势要受苦。

土地流转种艾草，

少说收入一万五。

二愣子：（唱。山坡羊）

今天上级来开会，我不去看他们有啥法。

艾花：（唱。山坡羊）

如今合作种艾草，

村民入股真积极。

二叔好好想一想，

赶快退地莫迟疑。

二愣子：（白）

艾花你说话越说越离谱，莫非是来开会的，不是来走娘家的啊？

艾花：二叔实话告诉你吧！我是大学毕业了，考到镇上，当了农业技术员，回乡帮咱村致富的。

二愣子：我的地退出去了，鸡鸭鹅当时没吃的呀！

艾花：二叔你的土地退出去，入了股，一年少说收入一两万。

（二愣子暗自算账）

二愣子：艾花，你说的这些要都是真的，这账可合算啊！

艾花：二叔，我今天就是为这事去咱们村开会哩。

二愣子：哟，今天村里喊上级来开会的就是你呀！

艾花：对，是我，我大学毕业是学农业的，专门指导咱们村进行土地转移、中药材种植，帮咱村致富，让咱们过上幸福生活！

二愣子：好，艾花，我都听你的，走，开会去。听党的安排叫种啥种

啥，艾草发家咱就种艾草。

艾花：二叔，你不挡着了。

二愣子：不了，你这一说我想通了，艾花呀，种艾草、种药材比种其他好，不受累又给钱，土地转移政策强，开会带头把地交。我回去叫你婶子也开会去。

二婶：喊：小他爹，小他爹！

（唱。桂柱香）

小他爹今天去割草，天到这时没来到，

鸡鸭饿得呱呱叫，大街以上把他找。

二婶：（白）

小他爹，你说你割草去，你半天不回来，你在这干啥呢？

二愣：（白）

小他娘，我……我……我……

二婶：（白）你啥你！

二婶：（唱。桂柱香）

二愣子你那里把我骗，

不去割草闲扯淡。

二愣子：孩他娘你莫埋怨，

听我慢慢对你言。

二婶：我不听来我不看，

你做事来在眼前。

二愣子：孩他妈来你莫怨，

是谁来在你跟前。

（提示行弦）二人仔细对视看。

艾花：（白）二婶，我是艾花回来了。

二婶：哟，艾花，真是你呀！你看看我这年纪大了，眼也花了，你去上大学了才去了这几年，就变成大人了。

二愣子：艾花，恁爸妈他们身体都好吧？

艾花：他们都很好，身体结实着呢！

二婶：艾花，你这次回来有什么事啊？

艾花：一是来看看您二老，再是我大学毕业考到镇上上班了，是咱们艾山村的驻村书记。

二婶：今天上级来开会就是你呀！

艾花：对呀，是我！刚才都给二叔说通了，振兴乡村要转行，跟上形势发展才能致富不受穷。我也给大家带来艾药艾棒样品，艾叶泡脚去寒治腰疼，艾棒点燃薰蚊虫。艾山转型种艾草，加工出口还能挣外汇呢！

二愣子：艾花，快去开会吧，大家都等着你，别误十点开会，晚了大家等得着急了。

艾花：好，二叔，二婶，咱们一起去开会吧！

（合唱。桂柱香）

艾花：黄河艾山是故乡，

二婶：山河风景好风光。

二愣子：又请艾草来落户，

（合）：来种艾草致富强。

（结束曲）

（演员鞠躬、下场）

听戏

（相声）

临清市魏湾镇人民政府　俞传乐 / 李学辉

甲：前几天，我赶集去了。

乙：赶的什么集啊？

甲：黄河大集。

乙：和谁去的啊？

甲：一个美女。

乙：你这不是赶集，你这是约会。

甲：是赶集。我们去了"四季村晚"的大戏台，美女就在前边坐着马扎
听戏，我就站在后边嗑瓜子。美女听得如痴如醉，我磕得噼里
啪啦。

乙：噼里啪啦？

甲：有个娶媳妇放鞭炮的正好路过。

乙：赶巧了。戏曲是咱们的民族艺术，当下的年轻人能这么喜欢的可不
　　多了。

甲：美女不年轻了。

乙：多大了？

甲：也就是80后吧！

乙：那挺年轻的啊！

甲：我说的80后就是80岁往后。

乙：这么个80后啊！

甲：我陪美女听完戏，我们就……

乙：你等会吧，合着说了半天，你是跟一位老太太听戏去了。

甲：老太太怎么了？老太太才喜欢听戏啊！

乙：这位老太太是你什么人呢？

甲：她是我奶奶。

乙：你怎么管你奶奶叫美女啊？

甲：有这么一句话没听过吗？

乙：哪一句？

甲：老小孩、老小孩。这人老了就跟小孩一样，你得哄着。叫我奶奶美
　　女，她都没意见，你还不同意啊？

乙：我没有不同意，我是说你这片孝心值得点赞！

甲：你这人怎么说话呢？尊老爱老那是中华民族的传统美德，尽点孝心
　　就值得点赞了？你这话说的真是……

乙：毫无道理？

甲：真是说到我心里去了。

乙：嘿，你瞧把他给美的。

甲：我跟我奶奶听完戏，就听见有个人特别温柔地喊我。

乙：遇见熟人了。

甲（大声）：我看你小子往哪儿跑！

乙：这么大嗓门干吗？

甲：坏了，有人要抓我。

乙：遇上债主了。

甲：他一边追还一边大声喊：你们几个前边堵，后边追，可不能让他跑了。

乙：听着很危险啊！

甲：没事，我不怕。

乙：你练过武功？

甲：练过。

乙：练的什么呀？

甲（山东快书）：

　　　开始练得鹰爪力，

　　　后来练过铁巴掌。

　　　霹雳功，童子力，

　　　软硬功夫比人强。

　　　打过三遍少林寺，

　　　架子拉到四门上。

乙：这是你？

甲：这是武松。

乙：武松也救不了你，赶紧想办法吧！

甲：当时，面对七八个彪形大汉，我毫无惧色，使出了江湖上失传已久的杀手锏。

乙：什么？

甲：我奶奶。

乙：你这个孙子，可真够孙子的。刚夸完你孝顺，你就拿奶奶当挡箭牌。

甲：我没拿奶奶当挡箭牌。

乙：那你这是干什么呢？

甲：我说，奶奶，你腿脚不利索，在这等一会儿，我去去就来。Goodbye！

乙：你要开溜啊？

甲：谁溜了？谁溜谁是孙子。

乙：哎呀，你本来就是个孙子。

甲：我说，奶奶，不用怕。我知道他们想干什么？

乙：劫财？

甲：劫不了财，我那房贷还有一百多万呢！

乙：劫色？

甲：没错。

乙：什么色？

甲：中国红。

乙：赶紧想办法，过了眼前这一关吧！

甲：没错，面对他们的围堵，我大义凛然地呵斥：我乖乖地跟你们走吧！

乙：他们是谁呀？

甲：他们是传统文化理事会的同志。

乙：这么急着找你干什么？

甲：他们看我这几天，天天带着奶奶来听戏，觉得我是个孝顺之人，想让我上台接受表彰。

乙：这是好事啊！

甲：可我觉得孝顺老人，是做晚辈的本分。

乙：那就不接受表彰。

甲：可理事会的同志们找了我好几次了。

乙：那就接受表彰。

甲：我又怕别人说我孝顺得目的不纯。

乙：那就不接受。

甲：也不能辜负人家的一片好心。

乙：那就接受。

甲：我还怕以后万一做得不好对不起荣誉。

乙：那就不接受。

甲：对孝道的宣传是很有必要的。

乙：那就接受。

甲：我对老人微不足道的付出受之有愧。

乙：那就不接受。

甲：弘扬正能量的事情一定要支持。

乙：那就接受。

甲：我。

乙（哭了）：啊啊啊！

甲：你怎么哭了？

乙：你接受不接受表彰关我什么事啊？都把我折腾死了。

甲：我也是思想上矛盾，所以前几天一直没上去领奖。

乙：那今天呢？

甲：今天我也没有。

乙：没有接受表彰。

甲：没有拒绝表彰。

乙：还是上去了。

甲：领完奖以后，我的心情非常激动。主持人让我讲两句，我是一个字都说不出来。

乙：说不出来就写。

甲：舞台太大，下边的人看不清。

乙：那你就唱。

甲：唱？

乙：唱。

甲：（拿出牛胯骨）

福星高照艳阳天，

齐鲁大地谱新篇。

黄河大集烟火气，

吃喝玩乐样样全。

物质文明结硕果，

精神文明也靠前。

一村一年一场戏，

男女老少笑开颜。

带着老人转一转，

尊老敬老记心间。

孝顺奶奶能领奖，

我还真有点汗颜。

吃水不忘挖井人，

争做时代好青年。

咱把老人照顾好，

健康幸福度晚年。

祝愿天下老年人，

福如东海寿比南山！

乙：说得太好了。

甲：我看也不早了，带我奶奶回家吧！

乙：要走。

甲：正准备开车，同志们又把我叫住了。

乙：还有什么事啊？

甲：让我奶奶在这吃饭。

乙：还管饭呢？

甲：村里有幸福食堂，凡是上岁数的老人一律免费。

乙：那就吃吧！

甲：我刚要带着奶奶前去，发现奶奶不见了。

乙：奶奶去哪儿了？

甲：不知道啊！我和同志们分头找，很快就找到了。

乙：奶奶也跑不远。

甲：我说，奶奶你跑什么呀？

乙：就是啊！

甲：人家这里管饭。

乙：免费吃。

甲：奶奶说，不免费还不跑呢！

乙：为什么呀？

甲：我奶奶说了一句话，把大家逗笑了。

乙：怎么说的？

甲：我急着跑回家，叫我妈一块吃。

乙：嗯？

甲：我妈今年一百二了。

乙：00后也来了。

今非昔比

（山东快书）

阳谷县张秋中学　常善良

空间站建设要收官，

日月生辉一线牵。

中国召开二十大，

信心百倍再迎建国一百年。

月里的嫦娥一见高了兴，

酬宾待客设大宴。

她心想：

有朝一日能回家，

俺再与后羿见一面。

人来人往真热闹，

从此俺不再孤单。

众仙闻听都前来，

八戒行动不怠慢，

想当年，

俺被贬下天庭；

现如今，

改邪归正又成仙。

俺与嫦娥已和好，

友谊之树赛从前。

现在来回真是快，

酒足饭饱打算回世间，

我应该先回高老庄，

看一看岳父岳母，

还有我那娇妻高翠兰。

（白）不行，

俺这形象大家都认识，

干脆变个模样巧打扮。

说时迟，那时快，

八戒他乘坐飞船到人间。

景色变化真是大，

绿草如茵空气鲜，

高楼大厦平地起，

鳞次栉比起连绵。

马路纵横交错装有指示灯，

司机行人自律很规范，

天桥外带高架桥，

疏通拥堵方法变。

想过去，

尘土飞扬道路窄，

下雨泥泞把鞋黏，

来回出行靠双足，

牛马车行水四溅；

看现在，

滴滴出行带顺风，

美团青桔哈罗蓝。

八戒手搭凉棚远处瞧，

一个出租到身边。

（白）"请问您去哪里？"

"我，我，

高老庄怎么走？"

哦，

高老庄现在变成了旅游地，

游客来往很频繁。

上车不过五分钟，

五A景区在眼前，

能住宿，能做饭，

轱辘棉车带石碾，

目不暇接新事物，

八戒算是开了眼。

村里建起了大水湖，

彩虹桥高吊在上边。

正好赶上学生放了学，

安静有序很井然。

家乡变化真是大，

八戒摸不到家门很怅然。

他在这里正发呆，

身后有人在拍肩：

"刚鬣！"

谁还知道我的名？

八戒扭脸仔细看，

一个中年女子在眼前，

柳叶眉，丹凤眼，

樱桃小口一点点，

走路好似风摆柳，

说话不见嘴动弹。

八戒心想：

"嚯，比那月里的嫦娥还好看！"

"刚鬣，

这么久了才回家？

好你个没有良心的负心汉！

好好看看我是谁，

我是你的妻子高翠兰！

俺这可是自然美，

绝对没有打过玻尿酸。

如今家乡变化真是好，

招商引资有方案。

你本是高家庄的一分子，

为什么，

为什么，回家这么晚？

如今生活很宽裕，

再也不怕你个大肚汉，

敞开胃口放心吃。

俺知道，

你被称作使者能净坛。"

说得个八戒害了臊，

面红耳赤地看翠兰：

"别说了，别说了，

说起这些羞煞俺，

胡吃猛喝是过去，

合理膳食我已治好脂肪肝。

快回家叩见咱二老，

略表心意把那礼物献。"

岳父岳母年事高，

耳聪目明、鹤发童颜。

二老一见女婿到，

紧紧相拥泪涟涟：

"刚鬣我儿，刚鬣我儿！

如今日子好过了，

可别一去不回让我把心担。

你和翠兰快完婚，

一刻不能再拖延。

我和你岳母尽快抱外孙，

子孙绕膝享晚年。"

八戒难掩心头喜，

打躬作揖头乱点：

（白）"行，行，行，听您老的，听您老的！"

翠兰领着八戒去闲逛，

整个院落真壮观，

太阳能，高压线，

家家户户安装了水电暖，

冬暖夏凉不用愁。

政府补贴民心安，

民生工程在推进，

各项落实更完善。

小汽车，高铁线，

来回出行真方便，

求学就医人性化，

按部就班心不烦。

收买支付二维码，

5G运行更方便，

北斗导航已启用，

手机华为造芯片，

高科技领域属咱国，

尖端科技已领先。

环境保护在首任，

绿水青山是金山。

看得个八戒目瞪口又呆，

哈喇子流出口流涎：

"中国的变化真是大，

这里生活赛神仙。

我不想再回那天庭，

俺要与翠兰联手建家园！

我还听说，

中国召开了二十大，

美好蓝图在实现。

民心所向领导好，

全民皆乐舞翩跹。"

八戒翠兰完了婚，

二人世界比蜜甜，

同心协力创事业，

红心向党永不变。

新时代、新征程，

担当作为阔步向前；

新时代、新征程，

担当作为阔步向前！

密会 "老掌柜"

（山东快书）

聊城农业银行莘县支行　耿登朝

莘县文联　徐庆昌

　　（白）一代人有一代人的使命，一代人有一代人的担当。作为新时代的百姓宣讲员有责任和义务，讲好齐鲁大地上说不尽道不完担当使命的故事，今天，我们就一起讲讲赵健民不辱使命千里"找党"的英雄故事。

　　合：话说1935年，

　　　　进入腊月天气寒。

　　甲：在那黄河入海的山东段儿，

　　　　有条金堤，蜿蜒横卧鲁西南。

　　乙：寒风吹得劲草枯，

金堤两岸树枝残。

甲：从东边驶来了一辆自行车，

骑车的是位小青年。

乙：您要问他是哪一位？

他正是地下党员赵建民，

急匆匆赶路到莘县。

甲：来密会一位"老掌柜"，

有一笔"生意"要洽谈。

乙：（白）这地下党怎么还做上生意了？

甲：这"生意"可是不一般！

它关系到，山东省委是否能重建。

乙：（白）哦？那这个"老掌柜"？

甲：听我慢慢给你谈。

回想1933年，

"白色恐怖"罩济南。

乙：山东省委遭破坏，

和中央失联近三年。

甲：自从失去党联系，

赵建民，茶饭不思夜难眠。

东南西北都寻遍，

终于盼来一密函。

乙：（白）密函上怎么说呀？

甲："老掌柜已经到莘县，

请速速来把生意谈。"

阅罢密函心激动，

不由得想起半年前，

　　　　为找党，来到莘县徐庄村，

　　　　没想到，这里的组织还健全。

乙：但事与愿违难预料，

　　　　只见到了直南特委的巡视员，

　　　　巡视员跟他约定好，

　　　　书信来往发密函。

　　　　"上级党组织"就是"老掌柜"，

　　　　"老掌柜"来了，

合：安排他们见面谈。

甲：这才有开头那一幕，

　　　　赵健民二次骑车到莘县。

　　　　他顺着金堤忙赶路，

　　　　忽听大喝一声喊。

乙："站——住！"

甲：赵建民突然吓一跳，

　　　　翻身下车仔细看。

　　　　堤上蹿出人一片。

　　　　一个个凶神恶到煞瞪着眼。

乙：打头的两位真个别，

　　　　一胖一瘦有特点。

　　　　胖子说话太费劲，

　　　　人送外号"开口难"。

甲：瘦子走路瘸着腿，

　　　　人送外号"半步颠"。

乙：赵建民四周一打量，

　　　　心说不好有麻烦。

早听说道口有个红枪会，

设岗专查我党员。

就在附近不远处，

几具尸体，血肉模糊树上悬。

甲：赵建民这里正思索，

"开口难"来到他身边。

乙：（结巴）"你……干……干什么的？"

甲：赵建民一看事不妙，

急中生智赔笑脸：

乙："老总，俺是个教书的。"

甲："教书的？"

乙："半步颠"也狗仗人势来插话，

一瘸一拐到跟前，

甲："那你心急火燎干什么？

是不是，共党分子搞串联（啊）？

快交代，说瞎话。

老子送你上西天！"

乙："老总啊，俺真是一个教书的，

跟共党他们不沾边。"

甲："开口难"一听不耐烦，

大手一挥开了言：

乙："嗯！那既……既然是个臭……臭书匠，

赶……赶快过去少……扯淡！"

甲："慢着！大哥，

我看这小子有疑点，

现如今，共匪串联闹得欢。

咱如若是这么放他走，

咱俩责任难承担。"

乙："（白）那……那你……你的意思是？"

甲："带给师傅来审看，

让他给咱把把关。"

乙："（白）嗯！有……道理！绑了！"

"开口难"一摆手，

呼啦啦冲出俩壮汉，

反扣胳膊掐着脖，

把赵建民，押到了不远处的佛堂前。

甲：佛堂里这位更凶险，

模样长得真难看。

狗熊鼻子蛤蟆嘴，

王八眼眯着来回翻。

看年纪足有六十岁，

四仰八叉坐中间。

乙："半步颠"颠着瘸腿来汇报，

"蛤蟆嘴"捻胡子倾听不搭言。

"半步颠"唠唠叨叨没个完，

"蛤蟆嘴"听着听着不耐烦：

甲：（白）"你他娘的真啰唆，

管他是否搞串联，

先挂到树上饿三天，

再交给国军去'法办'。"

乙："是是是，拉出去，拉出去……"

俩壮汉拉着刚要走，

赵建民挣脱束缚装可怜：

"老总，俺确实是个教书的，

你不能平白无故冤枉俺。"

甲："冤枉你？国军可是有命令：

宁可错杀三千，

不漏一个要犯。

（白）带走！"

乙：赵建民闻听猛一惊，

难道说，今天过不了这一关？

这几年，为找党，

曾两次南下上海滩，

三次北上京津冀，

沿路乞讨到过泰安。

眼看着，胜利曙光在眼前，

莫非要，功亏一篑赴黄泉？

甲：赵建民这里正思索，

"蛤蟆嘴"冷笑一声开了言：

"小小年纪，就成了教书先生……，

看来甚是不简单，

都说"赤匪"呲着獠牙立楞眼，

杀人放火惹祸端。

我看你眉清目秀娃娃脸，

与那"赤匪"差得远。"

乙："对对对，他们专和国军对着干，

俺岂敢跟他有粘连？

俺老家本是那阳谷县，

到莘县教书挣俩钱。"

甲："刚才，故意把你来试探，

　　既然都是为挣钱，

　　不如留下一起干。"

乙：（白）"老总的好意俺心领，

　　不过……

甲：（白）"怎么，你小子不识抬举想上天？"

乙：（白）"不不不，老总你误会啦！

　　我答应别人事在先，

　　请容我辞别好友后，

　　再与老总续情缘！"

甲："嗯，好！果然没有看走眼，

　　小娃娃言而有信我喜欢。

　　既然都是'一家人'，

　　马上放行别怠慢！"

乙：是。

　　赵建民转身往外走，

　　心里话总算过了这一关（啊）！

　　他跨上车子忙赶路，

　　不多会，目的地徐庄在眼前，

　　巡视员早已安排好，

　　约定密会在今晚。

甲："老掌柜"叫黎玉，

　　是直鲁豫特委书记不简单。

　　赵建民疾步走上前，

　　四手紧握心潮翻。

乙：（白）"老掌柜，终于找到你了！"

甲："上级党组织也在找你们啊！"

乙："中央对当前形势怎么看？

方针政策有没有变？……"

甲："目前的方针政策是：

停止内战，一致对外，

建立民族统一战线……

还有啊！"

乙：那太好了！

哎！就这样，他们一直聊到了下半夜，

激动的话儿说不完。

甲：转瞬间，

合：日出东方露笑脸，

一缕阳光照窗前。

他们起身放眼望，

革命之火红遍天。

这就是，赵建民密会"老掌柜"，

下回书，他们重建山东省委在济南。

中国梦

（山东琴书）

东阿县铜城街道新时代文明实践文艺志愿者　刘书方 / 王改兰

华夏文明五千年，

要说国家强盛还看当前。

共产党领导来执政，

太平盛世民安然，

好政策一个接着一个，

政通人和顺民愿。

习总书记提出来中国梦，

各族人民共同来圆，

不忘初心牢记使命，

伟大的祖国定要复兴。

"一带一路"政策好,

互赢互利共享之,

世界朋友团结紧。

和平共处情谊深,

自己的日子自己过,

别让那美国拜登乱了心。

台湾同胞要认准,

咱们不能把家分,

血水相浓亲情在,

炎黄子孙一家人,

祖国统一是大业,

恭迎咱兄弟姐妹回家门。

搞"台独"没有好下场,

历史标着是罪人,

祖宗老家你不认,

叛宗离祖靠敌人,

痴心妄想黄粱梦,

昙花一现成不了真。

你胆敢把那"台独"旗来举,

把你这小菜一碟一口吞。

让"空心"农村变"实心"

（快板）

聊城市文物服务中心　崔正营

英雄的故事在传唱，武松打虎景阳冈。

黄河奔腾滚滚过，咱阳谷人杰地灵真不错：

狮子楼，景阳冈，海会寺美名传四方，

历史悠久几千年，观阳播谷美名传，

改革开放几十年，现如今旧貌换新颜。

在黄河北岸运河旁，阿城镇闫庄放光芒，

康熙八年来建村，几百年，不断的改革在创新，

是著名的山东旅游特色村，全国特色景观旅游村，

还被评为山东省的最美乡村，

近年来农业融合促发展，咱闫庄乡村振兴目光远。

"哎，你们两家70棵，正好给他30棵……

这是老张家的50棵，你的在那里……"

闫兆美书记这里正嘱咐，那边又来了村西的大老杜：

"村长啊，还有俺家的冬瓜苗……"

"要记住回去先把坑挖好，下午栽苗为最好。

栽好以后把水浇，施肥打药才能长高。

打药的作用是防虫，没有点技巧可不行。"

您要问这是在干啥，听我把闫庄村集体产业对你拉。

小规模大群体，小成本大收入，带领着大家来致富，

村集体出资购买冬瓜苗两万棵，让百姓种植收益乐呵呵。

啊？谁出资？

村集体呀！

集体出资，百姓受益，这样的决策有意义！

为什么要种植冬瓜苗啊？

你听啊：

新农业，新思路，新农村发展特色致富路，

把空置不用的宅基地，变成了致富的聚宝地。

闲置的土地来利用，挖坑栽苗把冬瓜种，

在上方架设光伏板，一地两用实在管，

不光种菜还能发电，这种土地的利用办法还不常见。

收获的冬瓜按照1元1公斤，统一收购让百姓也安心，

每亩的收益达到8000多，村民们也是乐得笑呵呵。

为集体带来15万的大收入，群众集体一同走向致富路，

说完了这些还不算，咱们再往村口看。

在街上走一走，转一转，到幸福大道看一看：

这几个大爷在下棋，那几个大妈在学习。

学习？学什么呀？

再过几天就是广场舞大比拼，咱们可得抓紧排练拿奖金。

啊对，等会陪老人去幸福食堂吃个饭，吃完咱再接着练。

一扭头，

这边坐着人几个，一动不动像打坐。

您要问这是在干啥，这几个人在那垂钓把话拉：

"现如今河塘沟渠都治理，环境整洁像水洗，

发展垂钓来增收，不再是过去的臭水沟，

提升了城乡环卫一体化，处理解决了脏乱差。

还有个闫庄村民俗文化馆，3000件藏品在展览，

摸得着，看得见，怀旧的物品一件件，

体现了新农业时代新发展，欢迎大家来看展览。

咱们县委政府决策高，乡村振兴有目标，

扶企业，助农业，还有那手工纺织业，

老百姓种大棚，种蔬菜，玉米、花生和小麦，

收获的产量实在高，老百姓个个鼓腰包。

推进了农业现代化，秋收芒种都不怕，

地里的庄稼节节高，老百姓乐得笑弯腰。

乡村振兴真不错，精神文明来建设，

我们的中国梦，文化进万家，老百姓精神愉悦笑哈哈，

放电影，唱豫剧，魔术变脸黄梅戏，

演小品，说相声，歌曲舞蹈练气功，老百姓越活越年轻。

村村通上柏油路，咱们家家户户都致富，

让空心农村变实心，还得看咱闫庄村。

这只是新农业发展一个缩影，咱们乡村振兴有憧憬。

乡村振兴新征程，艰苦卓绝砥砺行，

脱贫攻坚意志坚，人民群众大于天。

坚定跟随共产党，百姓积极来宣讲，

继往开来谱新章，建设美丽的新家乡！

差不多

（相声）

聊城市曲艺家协会　李学辉／范家闻

乙：同志们，这场由我来宣讲，我宣讲的内容是家住在闫寺街道王香坊村的东昌葫芦雕刻传承人王树峰！

甲：亲爱的朋友们大家好！！（打快板）

乙：诶、诶、诶，停、停、停！你是谁啊？

甲：我不是听见有人喊闫寺的什么传承人吗？我就是。

乙：是什么呀？我说的这位是闫寺街道王香坊村的。

甲：差不多！我是闫寺街道李什庄村的。

乙：啊？一个街道也算呐？我说的这位是省级非遗传承人。

甲：差不多！我是家级非遗传承人。

乙：哦，国家级？

甲：嗯，家级。

乙：怎么个家级？

甲：家里头的非遗传承人。

乙：哦，自封的啊？人家传承的是葫芦雕刻。

甲：差不多！我传承的是竹板制作。

乙：我们请的是王树峰。

甲：谁？王树峰？我听说过他的事迹，我很欣赏他，还专门改了个和他差不多的名字。

乙：是吗？

甲：他叫王树峰。

乙：您叫？

甲：李学辉。

乙：这哪儿差不多了？人家王树峰从小学习国画，给传承技艺打下了良好基础！

甲：差不多！！我从小被打屁股，节奏感天生不俗！你听听！（打板）

乙：行了行了，王树峰为了学习技艺，托同学偷家中葫芦临摹，后来终于拜得名师！

甲：我们更差不多了！我为了学习技艺，托同学偷家中的竹苗，最后终于……

乙：拜得名师？

甲：成了翁婿。

乙：把人闺女娶了？

甲：啊！

乙：什么人啊这是！人家王树峰最初学习创业时培育葫芦，还遭到父母的反对……

甲：你别说父母了，街坊邻居都反对我。

乙：这怎么回事？

甲：为了更好传承技艺，竹子从小种起。刚开始没觉得什么，那天一下雨，呼呼往上冒竹笋！拱倒邻居四堵墙。

乙：那是得反对你！人家王树峰带领当地群众一起种植葫芦，带动了当地的经济。

甲：差不多！我靠这门技艺也让街坊四邻填饱了肚皮！

乙：嗯？

甲：笋冒出来后都让他们砍下来吃了，也不送回来让让我！你知道竹笋炒肉片多香！！气得我哟……（打板）

乙：行了！别打了！！生气还打什么快板啊？！没你这竹笋人家墙还倒不了呢！我说，人家王树峰吸收学习了各地各界的技艺，最终取得了成绩！

甲：差不多！我也积极学习融合老传统新风格，让男女老少适合！我给你唱唱！（打板）

乙：你再动它我抽你！

甲：……

乙：我告诉你，人家王树峰的葫芦雕刻冲向了全国，在国际上都有影响！

甲：这个我知道，国际文化论坛，我去过！那一次活动我就和王树峰老师面对着面！他在对面摆弄葫芦，我在这边摆弄竹料，他那边是人山人海，我这边也呜呜泱泱。尤其是我这儿制作完后，前来品尝的人是赞不绝口啊！

乙：品尝？您不是做快板传承人吗？

甲：是啊，种竹子拱倒邻居墙后半道我就改了炒菜传承人了。

乙：别说了！

彩礼变形记

（小品）

冠县烟庄街道　宗书蕾 / 许卫平 / 吕慧婷

满堂妈：党的政策放光芒，

幸福生活喜洋洋。

农村面貌焕新颜，

幸福生活手里端。

哈哈……

可就是儿女的婚事愁断肠，

唉……愁得我真想撒手去见阎王。（前面是四平调戏曲，播放完之后再

说词）

满堂妈：这四平调小戏真是唱出了我的心声啊！我外号叫金算盘，闺女叫金玉，35岁，至今未婚。儿子满堂，32岁未娶。两个孩子的婚事都快愁死我了！

金玉上场：中午阿强来嘞，我出门买了菜，看，多新鲜，都是阿强喜欢吃的。

（手提菜篮钥匙开门，喊妈进，左右看）志强呢？

满堂妈：他走了。

金玉：他走了？不是说中午在咱家吃饭吗，咋走了？

满堂妈：嗯，就是走了。

金玉：一准是你说啥了。我打电话问问，喂，喂……看，不接，妈咋回事啊？

满堂妈：你别问啦。

金玉：你说不？你不说我就去他家住再也不回来了！

满堂妈：我说，我说，我说还不行啊！看你找的那男朋友，房也不买，车也不换。一进门就通知我，阿姨我和金玉把订婚的事商量好了。我问买房不？他说不买。

金玉：人家在村里二层小洋楼都盖好了，还买啥房啊？

满堂妈：我问志强那不买房，得换个新车吧？你看恁那表哥开那新宝马，多气派！他说暂时不换。就算房不买车不换，那我说，那这订婚、下帖子、买三金，杂七杂八的咋着不得十几万啊，他也嫌多。

金玉：哎呀，妈，我看中的是志强的为人。别的我都不在乎。再说人家有那么好的技术，我们还在创业初期，玫瑰园的发展还需要资金，你这样做是拖我们的后腿啊！

满堂妈：随你怎么想，少一样都不行！

金玉：妈，你这都是老思想。（生气，跺脚就走了）

满堂妈：你走，你走，走了就别回来了！（别忘了拿钥匙）

妇女主任上场，正好碰到金玉。

妇女主任：咦，闺女，你这是咋啦？

金玉：哎呀，姨别提啦，还不是俺妈啊。

妇女主任：恁妈又咋啦？

金玉：姨，我跟你说，俺妈非要跟志强要新车新房高彩礼，俺俩这婚事眼看就不成了。

妇女主任：唉，恁妈这老思想！闺女别着急，这事儿姨帮你！

金玉：姨，那我的事就拜托你了！

妇女主任：行，包在我身上，那你忙去吧闺女。

金玉：姨我等你好消息！

妇女主任：我是俺们幸福村的妇女主任，也是一名党员，村里的大事小情我都得操心，现在创建美丽乡村、文明乡村，提倡移风易俗新风尚，别看俺村这个金算盘，有一儿一女很美满，可就是因为思想顽固，两个孩子的婚事迟迟定不下来。我今天啊，非得转变转变她的思想。

叮咚……

满堂妈：你不是走啦，还回来干啥？

妇女主任：老嫂子，是我啊。

满堂妈：听这声音，这不是俺村的妇女主任来了？她还是俺儿满堂的媒人呢，我得赶紧去开门，看看有啥事？

满堂妈：许主任，快进来，刚泡的玫瑰花茶，美容养颜，我给您倒一杯。我说，许主任呐，你给俺家满堂介绍的那个对象真好，俩孩子也看对眼了，您帮忙催催把婚事定下来呗。

妇女主任：老嫂子，今儿个，我就是为这事儿来的，人家女方说可以订婚，但是有两个条件。

满堂娘：啥条件啊？我都答应。

妇女主任：老嫂子爽快，财大气粗。一是城里有房，二是要点彩礼。

满堂娘：为啥要买房，在家住两层洋楼多方便啊？

妇女主任：你说得也不错，可得长远考虑，这不是想让孩子以后进城上学呀。

满堂娘：买个房，光首付也得二三十万，俺家满堂年初刚提的车，我手头的二三十万花出去了啊！

妇女主任：人家女方提出来了，也没办法啊！女方还说了，这换东西、喜期送好、三金待客、化妆盘头、迎亲车队，老嫂子，我大概算了算，十万八万的也就差不多了！

满堂娘：亲娘啊！十万八万就不是钱啊？

妇女主任：咋了，你不愿意，我回头跟女方说声，啥后果我概不负责哈。

满堂娘：可别可别，俩孩子知根知底、关系也好，可不能走到那一步。你看我辛辛苦苦把孩子拉扯大，吃苦受累，为了这个家盖起了楼房，日子过得也不算差。如今我人老身体垮，做不了生意困在家，砸锅卖铁也没有啊！（坐在沙发上）

金玉开门拿钥匙上场。

妇女主任：哎，金玉回来啦？

金玉：姨，我回来了。（坐着生闷气）

妇女主任：听说金玉也要订婚了，咱这边对志强家有啥要求呀？

满堂妈：（面露难色，犹豫了一下）其实……我也没什么特别的要求，志强是个好孩子，家里条件也不错，只要他俩过得好就行。

妇女主任：嫂子，您真是个通情达理的人。这玫瑰园正在创业初期，正需要钱的时候嘞，如果咱们能在彩礼上给予一定的理解和帮助，对他们来说更好。

满堂娘：是呀，其实刚开始我也有一些顾虑，但是通过满堂这个事，我心里也想明白了，只要孩子过得好，彩礼多少都无所谓了。

妇女主任：嫂子你真是新时代移风易俗的典范！我也得把这事给女方说说。满堂的事就包在我身上了。

满堂妈：好好好，我也不想别的了，（转头给金玉说）金玉，你给志强说吧，选个好日子咱订婚，然后准备办婚礼！

满堂妈、金玉、妇女主任：好、好！办婚礼！办婚礼！

大家合唱：

移风易俗好风气，

乡村振兴添活力。

婚事简办不铺张，

勤俭持家好榜样。

破除陋习树新风，

喜事新办传四方。

幸福生活甜如蜜，

新风正气满人间。

水城儿女

（对口数来宝）

聊城市曲艺家协会　郭子玉 / 蒋珂新

合：江北明珠是水城，

　　　似一颗红星耀眼明。

　　　聊城市一面大旗迎风摆，

　　　为新的征程添风采。

甲：新作为新气象，

　　　我要做新时代的好榜样。

乙：新气象新作为，

　　　好榜样除了我还有谁？

甲：你不算好榜样，

你没有实力和我来对抗。

乙：你说这话不讲理，

我哪一点不如你？

甲：远的我先不用说，

聊城的武松是我二哥。

乙：提起武松你别迷茫，

是不是你还有个大哥叫武大郎？

甲：我做榜样有资本，

和你比我胜算的几率特别稳。

乙：咱俩在这比一番，

看看谁的实力能占先。

你别吹也别夸，

今天的评委是大家。

甲：你自不量力跟我比，

那算我有点欺负你。

我做榜样不在话下，

是因为我家族的实力很庞大。

乙：跟你比我的实力也很行，

我们家族各个榜上都有名。

甲：你井底之蛙很可怕。

乙：跟我比你是以卵击石说大话。

甲：你别争也别闹，

咱们一位一位地作比较。

乙：咱一位一位挨着比，

看看谁家了不起！

甲：好！跟我比你算白费，

你是不见棺材不落泪。

全国的"最美五老"王忠祥，

他和我爷爷一个娘。

（白）我二爷爷！

他始终把"报党恩"记心中，

宣讲红色故事不分春夏与秋冬。

自费创办爱国教育大讲堂，

到处把红色经典来宣扬。

他将开封战役牺牲的烈士来查找，

发现聊城籍的就不少。

但是资料少难进行，

大部分烈士没有名。

为了让烈士有归属，

年迈的他不怕劳累不怕苦。

一家家一户户，

骑三轮加徒步，

五千多公里艰难来行程，

为一百五十四名烈士找回了名。

新作为新气象，

你说说我二爷爷算不算是好榜样？

乙：王李的事迹都知道，

我听过他的现场做报告。

你二爷爷很伟大，

我二爷爷也不差。

甲：（白）你也有二爷爷？

乙：李曙光名声大，

他和我爷爷一个爸。

他虽然退休有干劲，

把弘扬长征精神为己任。

六十五岁重走长征路，

建起了"长征精神"的资料库。

为了把长征精神来宣传，

他义务做起来学生的校外辅导员。

为孩子对长征的印象更直观，

他跋山涉水又把长征的宝贵物品添。

有红军泉的水草地的土，

腊子口的石头把人心来鼓舞。

爬雪山过草地，

半条棉被的故事讲得细。

孩子们受到鼓舞和感染，

目光闪烁扬笑脸。

激发斗志更昂扬，

这样的课我二爷爷讲了一堂又一堂。

新气象新作为，

他老人家不会输给谁！

甲：这两位老人都很棒，

要比较咱得接着往下唱。

乙：都很棒说明没输赢，

好榜样大家没法评。

甲：没法评的话你都说出来，

那是因为我没亮王牌。

我王牌一亮你再看，

保准吓得你打战。

乙：我的胆子没那么小，

别虚张声势好不好？

我的胆量特别大，

我连我媳妇都不怕！

甲：我的表叔叫李维星，

你可以到咱聊城去打听。

他是东昌府公安分局刑侦大队的指导员，

工作已经十八年。

他把百姓的安危心里装，

斗歹徒七次流血负过伤。

假如说你被歹徒来绑架，

找他绝对没二话。

你要成了人质也别慌，

我表叔肯定把你帮。

你要是被人来暗杀，

破案一定要找他。

你媳妇要是被人拐，

我表叔帮你把犯人逮。

不是我老说大话净夸张，

我表叔徒手从歹徒手里夺过枪。

新作为新气象，

共产党员的职责他记心上。

我的王牌你怕不怕？

好榜样必须我拿下。

乙：好榜样凭啥到你家？

你有表叔我有干妈。

我要把我干妈讲，

大家都要来鼓掌。

我干妈叫詹春芳，

家住聊城王家庄。

道德模范真有名，

她们家还是全国最美家庭。

照顾患病的丈夫三十年，

为公婆端茶倒水到床前。

孝老敬亲数我干妈，

都伸出拇指把她夸。

你患病三天就没人管，

你媳妇保准和你离婚带走你的铺盖卷。

甲：你别只顾把我媳妇说，

咱俩的老婆都差不多。

乙：我干妈还资助了好多的贫困生，

做公益她也是咱聊城的排头兵。

新气象新作为，

我干妈的事迹夺了魁！

这好榜样肯定到咱家，

因为你小子没干妈。

甲：我家庭成员都特别棒，

所以说我可以做新时代的好榜样。

乙：我家人的事迹特别火，

所以说新时代的好榜样当属我。

甲：我的能耐大。

乙：我的饭量强。

甲：我能喝二斤红高粱。

乙：我身体壮。

甲：我个子高。

乙：一顿能吃八个酱肉包。

甲：我能喝三碗羊肉汤。

乙：我吃八个呱嗒才觉着香。

甲：八批果子我吃二斤。

乙：胳膊粗大油条我吃六根。

甲：你的优点我看透，

　　就是脸皮有点厚。

乙：你这说话真可笑，

　　你的优点就是不害臊。

甲：停！咱俩的脾气都挺犟，

　　看样子谁也做不了好榜样。

乙：对！咱俩见面就斗嘴，

　　好榜样必须做到心灵美。

甲：中国梦新作为，

　　咱得把榜样来追随。

乙：中国梦新气象，

　　咱家庭成员就是咱们的好榜样。

甲：要做榜样得积极，

　　必须虚心来学习。

乙：回去后我就和学习的榜样住一起，

　　学好了回来再和你接着比。

甲：啊？还比啊？！

廉政颂歌

（八角鼓）

聊城经济技术开发区实验幼儿园

刘颂 / 徐鑫博 / 张林琳 / 张建勋

合唱：清风吹来满山东，

　　　廉洁蔚然正气升。

　　　政通人和民安乐，

　　　经济开发百业兴。

合板：两河明珠好风景，

　　　江北水城有美名。

　　　如今的齐鲁儿女——清廉正直，

　　　光明磊落，

大公无私，

甘于奉献，

蔚然成风，

就好比泰山顶上一青松。

对！对！对！就好比泰山顶上一青松！

女甲：这片热土丰富的文化遗产多样性，

廉洁元素精彩纷呈。

今天我不唱红嫂沂蒙调，

也不说景阳打虎的武二松，

说唱一段聊城的文化遗产八角鼓，

把清廉的事儿唱一通。

合板：好！好！好！把清廉的事儿唱一通。

合唱：层层污泥现爱莲，

滚滚凡尘出英雄。

一尘不染多高贵，

正气凛然昂首挺胸。

男甲：我曾经到过西藏去旅行，

哎哟喂，那里的气候和咱山东大不同。

空气稀薄气压低，

呼吸困难胸口疼，

说不定太阳当空就下雨，

说不定随时刮大风。

有一位党员干部好榜样，

出现在地震救灾的现场中，

他收留了三名藏族儿童，

带到家里来照应。

一张大床四个人，

挤在一起暖融融。

男乙：他经常是白开水泡馒头，

榨菜拌饭乐在其中。

为了给收留的孩子补充营养，

三次卖血也从容。

说到这我的热泪盈眶直打转儿，

热血翻腾有触动。

男甲：他就是先锋的楷模孔繁森，

人间骄子万世流芳传美名。

合板：他就是先锋楷模孔繁森，

人间骄子万世流芳传美名。

二女：我们有这样的党员好干部，

定能够实现民族伟大复兴！

二男：我们有这样的忠心耿耿好战士，

百年大计有保证。

二女：我们有这样的清正廉洁好党员，

共产主义目标能完成。

合板：对对对我们有这样的清正廉洁好党员，

共产主义目标有保证。

合唱：永恒的信仰到终生，

生息总有不了情。

齐鲁儿女披肝胆，

壮志凌云遍苍穹。

女乙：（白）习近平总书记指出：

男甲：忠诚坚定，

女甲：担当尽责，

男乙：遵纪守法，

女乙：清正廉洁，

男甲：面对依然严峻的形势反腐败必须永远吹

合板：冲锋号！

女甲板：总书记深刻的阐述分量重，

　　　　明确提出自我革命。

　　　　高瞻远瞩视野广，

　　　　新时代特色最鲜明。

男乙：广大的纪检干部立场坚定骨头硬，

　　　　穿梭在惊涛骇浪的风雨中。

　　　　忠诚担当是本色，

　　　　确保那一方热土一尘不染干干净净。

女乙：一桩桩一件件，

　　　　真真切切活生生。

　　　　有什么理由不勤奋，

　　　　有什么理由不廉政！

合板：对！对！对！没有理由不勤奋，

　　　　没有理由不勤政！

合唱：一任值守责任重，

　　　　不负初心和使命。

　　　　无私担当比北斗，

　　　　去时还似来时清。

女甲：看如今鲁西大地五彩缤纷挂彩虹，

　　　　清正廉洁带来了社会和谐暖融融。

　　　　干群关系似鱼水，

相不相识都热情。

女乙：多姿多彩的新聊城，

城中有水水连城。

这里的景致能醉人，

这里的花儿别样红。

男甲：两河明珠在奔腾，

明天的东昌更繁荣。

四通八达是中心，

天下不敢小聊城。

男乙：我发现这聊城的女孩一说话就笑盈盈，

实在好看又热情。

我实话实说别笑话，

我们几个有共鸣。

女乙：你这个小哥有个性，

走遍聊城都相同。

这都是清正廉洁带来的社会效应起作用，

社会正气蔚然成风。

合板：对！对！清正廉洁起效应，

社会正气蔚然成风。

合唱：古城敞开宽广心胸，

凤城湖水拍岸连声。

分明催我踏上征程，

复兴路上阔步前行！

聊天

（莲花落）

度假区朱老庄镇政府

表演：刘红军

原创：刘旭东　改编：李贵才

度假区处处好风光，

二十大精神放光芒。

在湿地公园的长椅上，

有几个老农聊天忙。

一伙人，张王李赵都来到，

七嘴八舌开了腔。

这个说，蔚蓝的天空真是好，

把污染的空气一扫光。

咱村里到处花似锦，

路旁绿化有阴凉。

那个说，村村通胡同又硬化，

清洁干净又亮堂。

你看那广场多宽敞，

跳广场舞有地方了。

这个聊，农民收种都机械化了，

咱县里，给配备了机械叫谷王。

俺自来水一拧哗哗响，

安全卫生水清凉。

那个聊，垃圾分类搞得好，

及时清运不肮脏。

别看俺身残可人有福，

被一对一帮扶有指望了。

这个谈，俺没儿没女也有人管，

每顿饭都进那一元大食堂。

咱农村越来越美丽，

新时代农村赛天堂。

这个谈，俺美丽庭院得了奖，

干净卫生人颂扬。

俺早已脱贫致了富，

拆迁搬进了新楼房。

老人们越说越聊越给力，

大老张，急急忙忙又开腔：

"哎，老王哥，你的扶贫新房别白盖呀，

快张罗着找个老新娘吧！"

这句话一石激起千层浪，

老哥们聊发少年狂：

"对，找新娘，找新娘，

六十三四正相当。

想当年，老嫂子有病去世得早，

没赶上今天的好时光。

你老光棍打了半辈子，

叫我说，你真该找个老伴做填房。"

那老王听了哈哈笑：

"你别说，我还真有这梦想。

去去去，老小子你快去为我找老伴，

找好了，我请你喝着老窖吃喜糖！"

一句话，直逗得大家哈哈笑，

老李头举着个手机录得忙。

记下了欢乐聊天这一刻，

他说要先发群里后收藏。

区政府，社会帮扶搞得好，

老百姓步步奔小康，

小日子过得比蜜甜，

这芝麻开花节节香。

现如今：中国梦，新气象，

新作为紧跟新时尚。

"习语聊亮"响万家，

度假区，"望岳讲坛"在宣扬，

聚力攻坚突破年，

正在做"走在前，开新局"这篇大文章，

老人们决不拖后腿，

夕阳红再创新辉煌！

这就是老农民聊天一小段，

到下回，

咱再表二十大精神全面落实全党全民踔厉奋发谱新章